Alle Touren auf einen Blick

🌳 AUSZEITEN

1 Natur, Stahl, Kunst — 9
Von der Saar in Wald und Flur
43 km | 185 Hm | 4 Std. | Rundtour

2 Berge und Wasser — 23
Rund um Schiffweiler
32 km | 170 Hm | 4 Std. | Rundtour

3 Auf einsamen Wegen — 35
Im St. Wendeler Land
35 km | 200 Hm | 4 Std. | Rundtour

4 Eine Landpartie — 47
Rund um Wadern
25 km | 130 Hm | 3 Std. | Rundtour

5 Grenzlandrunde — 59
Am Unterlauf der Blies
23 km | 185 Hm | 3 Std. | Rundtour

🔭 WEITBLICKE

6 Über die Höhen — 73
Von Saarlouis in den Saargau
38 km | 190 Hm | 4 Std. | Rundtour

7 Pure Idylle — 85
Panoramatour um die Bickenalb
27 km | 140 Hm | 3 Std. | Rundtour

8 Größe und Magie — 95
Große Runde durch den Bliesgau
38 km | 180 Hm | 5 Std. | Rundtour

9 Natur und Kultur — 107
Runde von St. Wendel und Tholey
32 km | 105 Hm | 3 Std. | Rundtour

10 Hauch der Antike — 117
Von der Mosel zur Saarschleife
50 km | 280 Hm | 5 Std. | Rundtour

⛵ ERFRISCHUNG

11 Wald und Wasser — 131
Um Mettlach, Merzig und Losheim
46 km | 185 Hm | 4 Std. | Rundtour

12 Wälder und Auen — 143
Unterwegs im Saargau
35 km | 200 Hm | 4 Std. | Rundtour

13 Stille Wasser — 157
Sieben-Weiher-Tour um St. Ingbert
28 km | 90 Hm | 3 Std. | Rundtour

14 Total entspannt — 169
Zwischen Bostalsee und Hochwald
38 km | 90 Hm | 3 Std. | Strecke (hin und zurück)

15 Im Storchenland — 179
Tälertour an der Blies
28 km | 110 Hm | 3 Std. | Rundtour

Losheimer See

Teufelsburg bei Saarlouis

Liebe Radlerinnen und Radler,

das Saarland, eingebettet zwischen den sanften Hügeln des Hunsrücks, der Pfalz und den malerischen Flusslandschaften der Saar und der Blies, bietet eine beeindruckende Kulisse für unvergessliche Fahrradtouren. Entdecken Sie mit uns **verborgene Schätze** auf gemütlichen Routen, die Raum für **Entspannung** und **Entschleunigung** schaffen. Dabei haben wir nicht nur die außergewöhnliche landschaftliche Schönheit im Blick, sondern auch die historischen Sehenswürdigkeiten der Kelten und Römer, mittelalterlicher Bauherren, barocker Fürsten bis hin zu Denkmälern der Industriegeschichte. Zwischen aussichtsreichen Hügeln und idyllischen, **stillen Tälern** erwarten Sie Fahrradreisen, die nicht nur den Körper, sondern auch die **Seele** in Bewegung bringen und Momente der **Ruhe** und **Besinnung** ermöglichen. Nehmen Sie sich Zeit für die Natur und für die kleinen **Wunder,** die am Wegesrand warten, und lassen Sie sich verwöhnen in schicken Restaurants oder urigen Gasthäusern.

Alle Touren im Buch sind Rundwege, die allermeisten beginnen in der Nähe eines Bahnhofs. Sie verlaufen vorwiegend auf befestigten Wegen und kaum befahrenen Straßen. Steigungen lassen sich im Hügelland nicht vermeiden, belohnen Sie aber meist mit einer grandiosen Aussicht.

Viel Freude beim entspannten Radeln, Entdecken und Genießen.

Ernst Wrba

Völklinger Hütte

AUSZEITEN 1

Natur, Stahl, Kunst
Von der Saar in Wald und Flur

Wir beginnen unsere Fahrradtour in **Völklingen** am **Parkplatz der Völklinger Hütte,** zu dem auch ein kostenloser Wohnmobilstellplatz gehört. An der Zufahrt fahren wir rechts bis zu einem Kreisverkehr, an dem sich der Besuchereingang zum ❶ **Weltkulturerbe Völklinger Hütte** befindet, einem der beeindruckendsten Industrie- und Kulturdenkmäler, dem die UNESCO nicht umsonst den Welterbestatus verliehen hat.

Urban Art Biennale

Sie ist das weltweit einzige Eisenwerk aus der Blütezeit der Industrialisierung, das vollständig erhalten ist. Um das riesige Werk mit der kathedralenartigen Gebläsehalle, den Kunstausstellungen, den Hochöfen und dem Paradies, in dem die Natur die alte Kokerei überwuchert und in ein verwunschenes Biotop verwandelt, zu besichtigen, braucht es mindestens einen halben bis ganzen Tag. Wir verschieben den Besuch deshalb auf später und fahren am Kreisverkehr links. Den Kreisel und den neu gestalteten **Völklinger Platz** zieren interessante große Skulpturen. Nach der Unterführung der Bahnlinie fahren wir am riesigen Graffito „Der Gastarbeiter Kaya Urhan" von Hendrik Beikirch vorbei, das eine Industriehalle von Saarstahl ziert. Kurz danach erreichen wir das alte Bahnhofsgebäude, neben dem sich der Zugang zu den Bahnsteigen befindet.

Zur Weiterfahrt bzw. zum Tourstart am Bahnhof müssen wir auf der **Rathausstraße**

Kilometer: 43
Höhenmeter: 185
Stunden: 4
RUNDTOUR

AUSZEITEN 1

Graffito „Der Gastarbeiter Kaya Urhan"

Rathausstraße mit Pfarrkirche St. Eligius

durch den **Globus-Baukomplex** fahren und kommen danach an einen Kreisverkehr, der von der Brücke der Südtangente überspannt wird. Wen die düstere autogerechte Brachialarchitektur der 1960er- und 70er-Jahre zu sehr gruselt, schiebt das Rad besser auf dem Gehweg. Hinter dem Kreisverkehr geht es geradeaus in die **Rathausstraße** mit dem markanten Kirchturm, die nun einen wesentlich freundlicheren Anblick bietet. Wir sollten unbedingt einen Blick in die übergroß wirkende ❷ **Pfarrkirche St. Eligius** werfen, die 1912/13 im neobarocken/neoklassizistischen Stil mit Jugendstilelementen erbaut wurde. Am Ende der langen Rathausstraße sehen wir schließlich das namensgebende Gebäude, das ❸ **Alte Rathaus** am neu gestalteten Platz. Das imposante ursprünglich neoklassizistische Gebäude wurde 1905–1907 im Jugendstil erweitert und umgebaut.

Wir radeln weiter die **Karl-Janssen-Straße** hinunter. Nach 300 Metern biegen wir vor dem Stadtbad links in **Am Finanzamt** ab. Vor der Postbank biegen wir rechts ab auf einen Fuß- und Radweg vorbei am neuen Rathaus, hinter dem wir rechts abbiegen. Über einen Fußgängerüberweg fahren wir geradeaus in eine schöne Platanenallee. An einem Kreisverkehr fahren wir geradeaus und folgen noch ein kurzes Stück den Platanen, überqueren dann den Köllerbach und biegen entsprechend dem Radwegweiser rechts ab. Fährt man hier stattdessen noch ein kleines Stück gera-

Von der Saar in Wald und Flur

deaus, trifft man auf das ❹ **Erlebnisbad Köllerbachtal,** ein großes, gut ausgestattetes Freibad in idyllischer Waldrandlage mit einer 80 Meter langen Riesenrutsche. Bei einem Tennisplatz treffen wir auf eine Wegkreuzung, an der wir entgegen der Beschilderung nicht links abbiegen, sondern gegenüber den Weg hinunter zum Bahntrassenradweg fahren, auf dem wir nun durch das waldreiche Köllertal bis Püttlingen radeln.

Nach 3,3 Kilometern ruhiger Fahrt treffen wir auf den ehemaligen ❺ **Bahnhof Püttlingen,** der von einem Verein als Kulturzentrum für Konzerte, Veranstaltungen, Kunstausstellungen und Gastronomie genutzt wird. Auf den verbliebenen Metern Gleis am Bahnsteig stehen noch zwei Waggons und eine alte Rangierlok. Wir radeln weiter auf der Bahntrasse, die aber bald in einer Grünanlage endet. Wir fahren weiter geradeaus durch den Park und kommen an den spärlichen Resten des **Hexenturms** vorbei. Der diente im Mittelalter als Gefängnisturm und erhielt seinen Namen, nachdem dort Ende des 16. Jahrhunderts 14 Frauen gefangen gehalten wurden, die der Hexerei angeklagt waren.

Für die Seele
Kontraste mit Industriegeschichte, Kunst von Barock bis heute, grüne Täler und einsame Wälder.

Als im 19. Jh. im **Köllertal** immer mehr Menschen wohnten, die in Völklingen arbeiteten, baute man eine Bahnlinie, die in den 1980er-Jahren stillgelegt und teilweise zum Radweg ausgebaut wurde. 2014 wurde der Abschnitt Walpershofen – Lebach reaktiviert.

AUSZEITEN 1

Kurz danach am Ende des Parks gabelt sich der Weg. Wir halten uns leicht links und treffen auf den im Karomuster gepflasterten Püttlinger **Rathausplatz** mit dem mediterranen ❻ **Restaurant Iliri.** Am Ende des Platzes fahren wir in die **Marktstraße** rechts des Kollerbachs. An der nächsten Abzweigung nach links überqueren wir den Bach und biegen direkt hinter der Brücke rechts ab auf den **Kollertal-Radweg.** Wir folgen dem Verlauf des Wegs und nutzen nach etwa 250 Metern die Gelegenheit, links hinauf zur ehemaligen Bahntrasse zu fahren. Hier radeln wir noch 1 Kilometer eingerahmt von Sträuchern und Bäumen bis zum Gelände von Aldi und Edeka. Weiter geradeaus stoßen wir auf die **Sprenger Straße,** auf die wir rechts abbiegen. Nach 70 Metern nehmen wir einen gepflasterten Weg nach rechts und stehen vor der ❼ **Burgruine Bucherbach,** einer ehemaligen mittelalterlichen Wasserburg. Die heute noch gut erhaltenen Mauerreste mit vier runden Ecktürmen stammen von einem Wiederaufbau im 16. Jahrhundert. Nach der Zerstörung im Dreißigjährigen Krieg diente sie der Bevölkerung als Steinbruch.

Altes Rathaus Völklingen

Wir radeln zurück zur Straße, rechts zur Ampelkreuzung und dort geradeaus. Wir folgen der Radwegbeschilderung und treffen am Ende eines Parkplatzes auf das **Technische Rathaus,** an dem wir links vorbei fahren. An der nächsten Kreuzung fahren wir bergauf geradeaus in eine Spielstraße. Nach einem sanierten ehemaligen Zechenhaus aus Backstein fahren wir schräg rechts. Hier stehen alte Bergbaumaschinen im Freien, was sich etwas großspurig ❽ **Freilichtmuseum Viktoriastollen** nennt. In unmittelbarer Nähe befand sich Schacht 3, eine Nebenanlage der 1963 stillgelegten Grube Viktoria.

Köllertaler Dom St. Sebastianus

Burgruine Bucherbach

Von der Saar in Wald und Flur

Wir fahren auf dem Stollenweg bis ans Ende und biegen kurz vor der T-Kreuzung laut Beschilderung links ab in die **Oberwies.** Hier orientieren wir uns an den Wegweisern, während laut Fahrradkarte die Route über die Landstraße verläuft. Wir folgen den Schildern durch eine Wohngegend zweimal rechts und fahren dann an einer Kreuzung am Ortsrand geradeaus in die **Espenstraße.** Hinter dem Ortsschild von **Püttlingen** biegen wir links ab Richtung **Sportanlage Espenwald.** Der Weg verläuft nun zuerst durch ein Wäldchen und dann am Waldrand entlang bis zur **L 269,** die wir durch eine Unterführung kreuzen. Dahinter treffen wir auf die **Saarbrücker Straße** in einem Ortsteil von Püttlingen. Der folgen wir bis zu einer T-Kreuzung und fahren vor dem **Gasthaus Schmeer** links. Am Ortsende fahren wir halb links in einen Forstweg, der hier in ein wunderschönes Waldgebiet eintaucht, eines der größten zusammenhängenden im Saarland.

Nach 1 Kilometer überqueren wir in einer Kurve mit Vorsicht die **L 270.** Am gegenüberliegenden Parkplatz mit einer Schutzhütte geht es geradeaus weiter. Wir haben jetzt ein fast 8 Kilometer langes Stück Radweg durch prächtigen Mischwald vor uns, wo wir allein mit uns und der Natur sind und entspannt vorwiegend leicht bergab radeln können. Wir tangieren einmal kurz am Ortsrand von **Riegelsberg** die Zivilisation und biegen sofort wieder rechts auf einen Waldweg ab. Nach 1 Kilometer nähert sich unsere Route dem **Burbach** und folgt ihm praktisch bis **Saarbrücken,** wobei es stets leicht bergab geht. In dieser Gegend wurde früher Bergbau betrieben, wovon auf unserer Route fast nichts mehr zu sehen ist. Aber da, wo wir einen asphaltierten Platz erreichen, von dem mehrere Wege abgehen, kann man nach links die alte Bergbausiedlung der ehemaligen Kohlengrube **Von der Heydt** erreichen.

Wir radeln weiter im Tal entlang, wo der Weg nun endlich asphaltiert ist. An der gleich folgenden Gabe-

Burbacher Waldweiher

lung halten wir uns links. Nach 1,5 Kilometern müssen wir den geteerten Weg leider nach rechts Richtung Burbach und **Saarbrücken** verlassen. Schließlich erreichen wir den idyllisch in das Tal gebetteten ❾ **Burbacher Waldweiher.** Die Szenerie ähnelt einem Englischen Landschaftsgarten, in dem auch ein kleiner Pavillon mit Grill und Picknickbänken direkt am Ufer nicht fehlt. Ideal für eine Rast.

Am Ende des Sees machen wir einen Schlenker nach links. Hier gibt es einen weiteren Rastplatz mit einem schönen Spielplatz. Wir radeln weiter Richtung **Saarbrücken** und verlassen das Waldgebiet. Nach gut 1 Kilometer trifft der Radweg auf eine kleine Straße, der wir ein Stück folgen, bis wir an der nächsten Kreuzung rechts abbiegen. Hier haben wir den Ortsrand von Burbach erreicht und folgen nun dieser Vorfahrtstraße bis auf Weiteres, wobei wir zunächst auf einer Brücke eine Bahnlinie überqueren und auf der **Brunnenstraße,** die in die Hochstraße übergeht, bis zu einem Kreisverkehr

Von der Saar in Wald und Flur

fahren. Wir nehmen die zweite Ausfahrt geradeaus, fahren durch ein gepflegtes Gewerbegebiet mit modernen Gebäuden. An einer T-Kreuzung fahren wir rechts in die **Käthe-Kollwitz-Straße** und nach 50 Metern wieder links auf den **Burbacher Festplatz.** Auf der Brache halten wir uns schräg rechts und steuern dann das linke hintere Eck des Geländes an, wo ein Weg weiter bergab führt, bis wir auf ihm schließlich das Ufer der Saar erreichen. Hier fahren wir nun links am Wasser entlang nach Saarbrücken.

Nach etwa 1,5 Kilometer Fahrt am Uferweg erreichen wir den ❿ **Bürgerpark Hafeninsel,** den die breite Westspangenbrücke überspannt. Unmittelbar hinter ihr fasziniert uns die Wasserfläche mit dem an Industrieanlagen erinnernden Backsteinrondell „Wassertor", über das alle paar Minuten Wasser sprudelt. Wir radeln weiter entlang der Saar Richtung Zentrum, wo moderne hohe Gebäude dicht an die Promenade he-

*Der **Bürgerpark** entstand auf dem seit dem Krieg brachliegenden Gelände des ehemaligen Kohlehafens. In den 1980ern plante man einen Park, der moderne Elemente mit historischen ausgegrabenen Funden verbindet. Ein Bouleplatz und eine Skateranlage wurden integriert.*

Saarufer in Saarbrücken

AUSZEITEN 1

Stengelbrunnen am St. Johanner Markt

ranrücken. Vor der aus Sandstein erbauten historischen **Alten Brücke** biegen wir links ab Richtung St. Johanner Markt. Dazu kreuzen wir die **B 51** und kommen am alteingesessenen und trotzdem modernen ⓫ **Gasthaus Zahm** vorbei. Kurz danach erreichen wir den zentral in der Altstadt gelegenen ⓬ **St. Johanner Markt** mit seinem weißen Barockbrunnen. Ein Lokal reiht sich hier an das andere mit Tischen und Stühlen auf dem Platz. Wir sind hier mittendrin im Ausgehviertel mit unzähligen Cafés und Restaurants in malerischen Gassen. Reichlich Möglichkeiten für eine entspannende Auszeit mit kulinarischen Genüssen. Dazwischen gibt es noch das ein oder andere historische Juwel zu bestaunen, wie die barocke **Basilika Sankt Johann** und das **Rathaus St. Johann,** ein gigantischer neugotischer Bau des Architekten, der auch die Rathäuser in München und Wiesbaden schuf.

Wir radeln schließlich über die **Alte Brücke** hinüber in den Stadtteil **Alt-Saarbrücken.** Eine schmale moderne Brücke verlängert den alten Brückenbau aus dem 16. Jahrhundert über die Stadtautobahn A 620 hinweg zur **Franz-Josef-Röder-Straße.** Hier werden wir nachher rechts abbiegen, um letztlich am Saarufer nach Völklingen zu fahren. Vorher machen wir aber noch einen Abstecher hinauf zum ⓭ **Schlossberg.** An der Schlosskirche vorbei erreicht man den Schlossplatz, wo erwartungsgemäß das Schloss liegt. Dahinter sollte man unbedingt den Blick auf den Barockgarten genießen, eine einzige Augenweide aus dieser Perspektive. Wer mag, kann im **Museum für Vor- und Frühgeschichte** in die

*Wer sich zu lange in Saarbrücken aufgehalten hat, kann vom **Hauptbahnhof Saarbrücken** in rund 10 Minuten zurück nach Völklingen fahren. Wer mit der Bahn angereist ist, kann von hier die Heimreise antreten und sich die Strecke am Fluss und dicht an der Autobahn sparen.*

Von der Saar in Wald und Flur

Zeit der Römer und Kelten eintauchen oder sich im **Historischen Museum Saar** mit der Geschichte des Saarlands vertraut machen. Über die Schloßstraße kann man noch die **Ludwigskirche** erreichen, das Wahrzeichen von Saarbrücken. Im Zentrum der Place-Royale-Architektur bildet sie mit den umliegenden Palais ein prachtvolles barockes Ensemble.

Wir wollen nun aber die Radtour fortsetzen und fahren zur **Wilhelm-Heinrich-Brücke,** überqueren die Autobahn und fahren vor der Brücke über die Saar am Wasser entlang etwa 12 Kilometer nach **Völklingen** zurück, wo wir dann kurz vor der Brücke das Saarufer verlassen und auf der Rathausstraße die Saar überqueren. Links vor uns liegt die gigantische **Völklinger Hütte,** die von Freitag bis Sonntag abends in rotes Licht getaucht wird, ein besonderes visuelles Erlebnis, das man sich nicht entgehen lassen sollte. Nach 500 Metern erreichen wir unseren **Parkplatz** oder nach knapp 1 Kilometer den **Völklinger Bahnhof.**

*Die **Völklinger Hütte** vereint industrielle Ästhetik mit zeitgenössischer Kunst. Ihre einzigartige Atmosphäre dient als eindrucksvolle Kulisse für vielfältige Kunstausstellungen. Besucher erleben eine faszinierende Symbiose aus Vergänglichkeit und Gegenwart.*

Ludwigsplatz mit Ludwigskirche

ALLES AUF EINEN BLICK

Entspannung 🪖🪖🪖🪖
Abenteuer 🪖🪖🪖
Vielfalt 🪖🪖🪖🪖🪖

WIE & WANN
Kaum und wenig befahrene Straßen, geschotterte und asphaltierte Radwege, grob geschotterte Forstwege, eine lange Steigungsstrecke. Ideal für E-Bikes und breite Bereifung. Ganzjährig befahrbar, am schönsten Frühling bis Herbst.

HIN & WEG
Auto: Parkplatz Völklinger Hütte (kostenlos), Rathausstraße 52, 66333 Völklingen
ÖPNV: Bahnhof Völklingen

ESSEN & ENTSPANNEN
- ❻ **Restaurant Iliri,** Pickardstraße 1, 66346 Püttlingen, Tel. (0 68 98) 7 59 03 02, www.restaurant-iliri.de
- ⓫ **Gasthaus Zahm,** Saarstraße 6, 66111 Saarbrücken, Tel. (06 81) 68 66 20 60, www.gasthaus-zahm.de

ENTDECKEN & ERLEBEN
- ❶ **Weltkulturerbe Völklinger Hütte,** Rathausstraße 75–79, 66333 Völklingen, Tel. (0 68 98) 9 10 01 00, www.voelklinger-huette.org
- ❷ **Pfarrkirche St. Eligius,** Rathausstraße 18, 66333 Völklingen
- ❸ **Altes Rathaus,** Bismarckstraße 1, 66333 Völklingen
- ❹ **Erlebnisbad Köllerbachtal,** Stadionstraße 10, 66333 Völklingen, Tel. (0 68 98) 28 06 70
- ❺ **Bahnhof Püttlingen,** Bahnhofstraße 74–76, 66346 Püttlingen, www.bahnhof-puettlingen.de
- ❼ **Burgruine Bucherbach**
- ❽ **Freilichtmuseum Viktoriastollen,** Stollenweg 7–9, 66346 Püttlingen
- ❾ **Burbacher Waldweiher**
- ❿ **Bürgerpark Hafeninsel**
- ⓬ **St. Johanner Markt**
- ⓭ **Schlossberg**

AUSZEITEN 2

Berge und Wasser
Rund um Schiffweiler

Zum ❶ **Erlebnisort Reden** auf dem Gelände des 1995 stillgelegten Steinkohlebergwerks **Grube Reden** gehören heute vor allem das ❷ **Gondwana-Praehistorium,** in dem Dinosaurier zum Leben erwachen, und der **Wassergarten,** ein gestalterisches Highlight zusammen mit alter und neuer Architektur, ein sinnliches Erlebnis. Die Besichtigung planen wir für nach der Radtour ein.

Wir parken auf einem der kostenlosen Parkplätze, zu denen auch ein Wohnmobilstellplatz gehört, und radeln von dort über das Grubengelände, wobei wir uns links halten, vorbei an alten Zechengebäuden und dem Förderturm zur Zufahrtsstraße **Am Bergwerk Reden.** Wir überqueren auf einer Brücke die Bahngleise und biegen dahinter ab in die **Bahnhofstraße,** über die wir gleich am **Bahnhof Landsweiler-Reden** vorbeikommen. Wo die Straße eine Linkskurve macht, biegen wir scharf rechts ab in die schmale **Königsberger Straße** und folgen ihr bis zur T-Kreuzung mit der **Saarbrücker Straße,** an der wir links fahren. An der nächsten Abzweigung biegen wir rechts ab in die **Neunkircher Straße,** der wir stets geradeaus folgen. Bei einigen Pollern geht sie im Neunkircher Stadtteil **Sinnerthal** in die **Wilhelm-Jung-Straße** über. Nach einer Linkskurve mündet sie in die **Hasselbachstraße.** Wir biegen nach rechts ab, wo die Straße nach wenigen Metern vor einem Buschwerk endet. Wir nehmen hier links einen kurzen schmalen Weg, der auf einen Kreisverkehr stößt. Hier halten wir uns rechts und überqueren die Straße und fahren gegenüber auf dem hier startenden Radweg an der **Redener Straße** weiter.

*Das **Gondwana-Praehistorium** entführt Besucher in die Welt der Dinosaurier vor Millionen von Jahren. Die Ausstellung begeistert mit lebensechten Dioramen, beeindruckenden Fossilien und interaktiven Displays, die die erstaunliche Vielfalt prähistorischer Lebensformen zum Leben erwecken.*

Kilometer: 32

Höhenmeter: 170

Stunden: 4

RUNDTOUR

Grube Reden

Rund um Schiffweiler

Kurz nach einer Eisenbahnbrücke biegen wir an der folgenden Abzweigung rechts ab Richtung Kläranlage. Am Ende des Sträßchens werden wir nach rechts auf einen Radweg geleitet und unterqueren eine breite Bahngleisanlage. Wir folgen dem Radweg entlang der Straße Richtung Stadtzentrum von **Neunkirchen** und sehen bald rechts den **Stummschen Parkweiher** und links gegenüber die kleine neugotische **Stummsche Kapelle**. Vorbei an einem Kreisverkehr erkennen wir rechts von uns im grünen Dickicht den ehemaligen **Hammergraben**. Laut Infotafel diente er dazu, die Wasserräder in der frühindustriellen Eisenverhüttung anzutreiben.

Der Radweg endet an der nächsten Kreuzung und überquert nach links die Straße. Zuerst biegen wir hier aber rechts ab, um einen Abstecher zum nur wenige Meter entfernten ❸ **Alten Hüttenareal** zu machen. Wo früher Eisen verhüttet wurde, pulsiert heute abends städtisches Leben. Die Gebläsehalle dient als Konzerthalle, die Stummsche Reithalle bietet Raum für kulturelle Veranstaltungen auf kleiner Bühne, der Wasserturm wurde zum Kino mit drei Sälen umgebaut. Für das leibliche Wohl sorgt ❹ **Stumm's Brauhaus** mit eigenem Bier und saarländischen Spezialitäten. Bei abendlicher Beleuchtung dienen die beiden (von ehemals sechs) verbliebenen Hochöfen und die dazugehörigen Cowper (Winderhitzer) als stimmungsvolle Kulisse.

Zurück an der Kreuzung folgen wir nun dem Radweg, der am Decathlon vorbei und weiter stets auf der linken Seite der **Gustav-Regler-Straße**, die später in die **Bahnhofstraße** übergeht, entlang führt. Später steigt er an, um auf einer Brücke die Gleisanlage beim **Haupt-**

Für die Seele
Von magischem Wassergarten, nostalgischen Industriedenkmälern, Ruhe und Frieden in unzerstörter Natur.

Stummsche Kapelle

*Carl Friedrich Stumm (1798–1848) führte das **Eisenwerk Neunkirchen** in der vierten Generation und ließ ein Herrenhaus (1945 zerstört) mit Park, Weiher und Privatkapelle anlegen. Mitte des 19. Jh. kam eine achteckige Reithalle dazu.*

Windpark Schiffweiler

bahnhof zu überqueren. Wir sind hier nun bis auf Weiteres auf dem Saar-Nahe-Radweg unterwegs, dessen Beschilderung wir folgen. Nach 400 Metern biegen wir links ab in eine kleine Straße, die durch ein Wäldchen hinunter Richtung **Wiebelskirchen** führt. Ab dort, wo sich der Weg der Bahnlinie nähert und dann wieder entfernt, radeln wir nun etwa 1 Kilometer auf einer ehemaligen Bahntrasse. Der Weg geht am Ortsrand von Wiebelskirchen in die **Schillerstraße** über und trifft später auf eine Vorfahrtstraße. Auf ihr fahren wir nach links, überqueren die Blies und biegen dann vor einer Rechtskurve links in die **Keplerstraße** ab, die zum Bahnhof Wiebelskirchen führt. Wir biegen nun noch mehrmals ab und verlassen schließlich über die **Römerstraße** den Ort, wobei unser Weg noch 6 Kilometer auf dem Saar-Nahe-Radweg ansteigt.

Wir radeln auf einem für den Autoverkehr gesperrten Sträßchen durch eine Gegend mit vielen Bäumen, Sträuchern und Obstbäumen, bis wir eine kleine Anhöhe erreichen, wo wir anhalten und den herrli-

Rund um Schiffweiler

chen Blick auf die abwechslungsreiche Landschaft mit Feldern, Wiesen und kleinen Wäldern genießen. Wir kreuzen die **B 41** und fahren danach weiter leicht bergauf durch die stille ländliche Idylle. Schließlich überqueren wir noch mal eine Straße an der Gabelung der **L 128** und **L 297,** nach der es nur noch ein kleines Stück bergauf geht. Der Weg verläuft nun in einem schattigen Wald mit hohen Bäumen und dichtem Unterholz, wo wir auf eine Kreuzung treffen. Während es rechts nach Ottweiler geht, biegen wir links ab auf den **Radweg Bieber-Tour,** dem wir bis **Illingen** folgen werden. Gleich haben wir den höchsten Punkt der heutigen Radtour erreicht und dürfen den Linksabzweig nach Stennweiler nicht übersehen.

In **Stennweiler** treffen wir auf eine Vorfahrtstraße, auf die wir rechts abbiegen und so lange geradeaus fahren, bis wir den langgestreckten Ort über die **Hüttigweilerstraße** wieder verlassen. **Hüttigweiler** ist auf der Talfahrt schnell erreicht. Wir folgen weiter bergab dem Verlauf der Straße und der Beschilderung, bis wir die Talsohle erreicht haben und dort an einer T-Kreuzung sinnigerweise auf die **Talstraße** stoßen. Wir biegen rechts ab und 70 Meter vor einem Stoppschild wieder links in die **Friedhofstraße,** über die wir den Ort wieder verlassen.

Auf einem unasphaltierten Feldweg geht es leicht bergauf bis zu einem asphaltierten Weg, auf den wir rechts abbiegen und bergab radeln nach **Illingen,** das sich in eine Talmulde schmiegt. Dort treffen wir auf eine Vorfahrtstraße. Hier verlassen wir die Biber-Tour, überqueren die **Krankenhausstraße** an einem Zebrastreifen und fahren

Kurpark mit Restaurant Burg Kerpen

Rund um Schiffweiler

dort einen kurzen, sehr steilen Radweg hinunter in einen Park. Dort biegen wir einem Radwegweiser folgend links ab, überqueren den Bach Ill und erreichen kurz danach das ❺ **Restaurant Burg Kerpen.** Zusammen mit einem Teich und der malerischen kleinen Burgruine Kerpen ist der Kurpark ein idyllischer Ort für eine kleine Pause mit Einkehr.

Beim Verlassen des Parks in der Nähe der Burgruine treffen wir auf die **Hauptstraße,** biegen links und gleich an der nächsten Straße rechts ab Richtung **Schiffweiler.** Nach knapp 1 Kilometer fahren wir rechts Richtung Heistermühle. Der Weg führt hinunter in das Illtal, wo wir den Bach überqueren und an der nächsten Gabelung rechts auf einen geschotterten Feldweg abbiegen. Diesem folgen wir und treffen am Ortsrand von Illingen auf die **Galgenbergstraße,** auf die wir links abbiegen. So freundlich wie der Straßenname klingt, so steil und lang ist auch der Anstieg zum gleichnamigen Berg. Oben angekommen, erreichen wir **Merchweiler** und fahren geradeaus durch den Ort. Hinter dem zweiten Kreisverkehr können wir auf einen Radweg links parallel zur L 112 wechseln. Hier geht es durch Wald noch ein Stück weiter bergauf. Ab der Passhöhe radeln wir endlich bis ans Ziel vorwiegend bergab. Zunächst erreichen wir das einsam im Wald stehende **Alt-Steigershaus,** an dem wir links abbiegen auf einen Forstweg Richtung **Heiligenwald.** Wir fahren durch dichten Wald, dabei aber nicht immer geradeaus. Wir müssen stets auf die Wegweisung achten, die uns den Weg durch den idyllischen Wald scheinbar weit weg von besiedeltem Gebiet weist. Plötzlich stoßen wir am Rande von **Heiligenwald** auf Wohnhäuser und befürch-

Burgruine Kerpen

AUSZEITEN 2

Kohlebaum

ten schon das Ende der Fahrt durch die Natur. Wir biegen hier scharf rechts ab auf die **Rußhütter Straße,** die aber schon nach wenigen Metern endet und uns wieder in den Wald hinein entlässt.

Im hohen Buchenwald fällt uns der ❻ **Kohlebaum** am Wegesrand auf, eine interessante Skulptur, Symbol für die Entstehung der Kohle vor ca. 300 Millionen Jahren, die hier die Erdoberfläche durchbricht. Hier konnte schon in keltischer Zeit durch Graben Kohle gewonnen werden. Die entstandenen Löcher nennt man Pingen, sie sind hier noch deutlich erkennbar. Wir fahren weiter und sehen links des Wegs den ❼ **Förderturm** der Itzenplitzer Grube durch die Bäume schimmern, der den Kohleabbau untertage bis zur Stilllegung 1960 ermöglichte. Kurz danach treffen wir auf den ❽ **Itzenplitzer Weiher,** der Ende des 19. Jahrhunderts für den Betrieb von Dampfmaschinen in der Grube angelegt wurde und heute gerne als Badesee genutzt wird. Wir fahren hier links am Ufer entlang bis zur Fischerhütte und zum Parkplatz. Vor den Tennisplätzen biegen wir rechts ab, folgen dem Sträßchen am ❾ **Waldhaus** vorbei und biegen nach insgesamt ca. 700 Metern im Bereich eines Parkplatzes rechts ab auf einen **Forstweg.** Dem folgen wir etwa 400 Meter durch Wald an eine Kreuzung, an der wir links abbiegen Richtung Bahnhof **Landsweiler-Reden.** Bald erreichen wir die Bahnlinie, an der entlang der tunnelartig idyllisch zugewachsene Weg verläuft. Der endet schließlich an einer Querstraße.

Geradeaus erreicht man den Bahnhof und nach rechts über die Brücke das alte Grubengelände von Reden, in dem wir unbedingt noch den ❿ **Wassergarten**

Rund um Schiffweiler

kennenlernen müssen. Direkt hinter der Brücke über die Bahnlinie führt links eine Treppe hinunter zu verschieden großen Wasserbecken unter einem riesigen Stahlskelett. Das ursprünglich 32 Grad warme Wasser, hochgepumpt aus den Tiefen der Grube, durchfließt insgesamt fünf unterschiedliche, teils mit Seerosen und Schilf bewachsene Becken, bevor es in den Klinkenbach abgeleitet wird. Im Winter führt das noch warme Wasser dazu, dass man bereits frühzeitig im Jahr die Frösche quaken hören kann. Höhepunkt ist der Mosesgang mit seinen senkrechten Wänden, an denen warmes Wasser über Kalkablagerungen und grünes Moos fließt. In den Wassern der Grube Reden spiegeln sich Stahl und Vergangenheit und berühren unsere Seele durch die harmonische Verbindung mit der Natur.

Wassergarten

Itzenplitzer Weiher

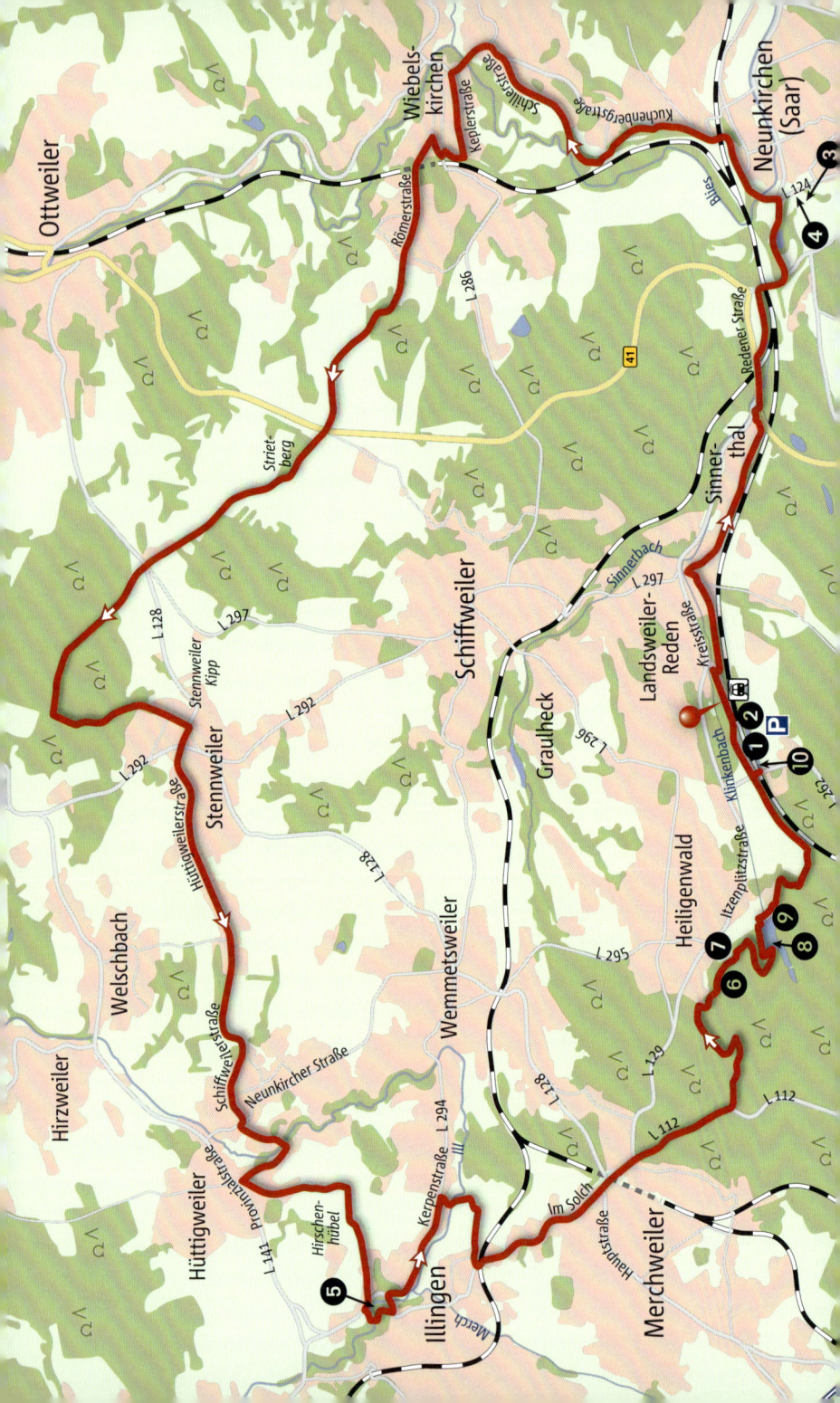

ALLES AUF EINEN BLICK

Entspannung 🪖🪖🪖
Abenteuer 🪖🪖
Vielfalt 🪖🪖🪖

WIE & WANN
Rad-, Feld- und Forstwege, mehrere Kilometer auf Straßen, zwei lange Steigungen. Ganzjährig befahrbar, am schönsten Frühling bis Herbst.

HIN & WEG
Auto: Parkplatz Erlebnisort Reden (kostenlos), Bildstockstraße, 66578 Schiffweiler
ÖPNV: Bahnhof Landsweiler-Reden

ESSEN & ENTSPANNEN
- ④ **Stumm's Brauhaus,** Saarbrücker Straße 16, 66538 Neunkirchen, Tel. (0 68 21) 17 91 45, www.stumms-brauhaus.de
- ⑤ **Restaurant Burg Kerpen,** Burgweg 5, 66557 Illingen, Tel. (0 68 25) 94 29 30, www.burgkerpen.de
- ⑨ **Waldhaus,** Am Itzenplitzer Weiher 32, 66578 Itzenplitz, Tel. (0 68 21) 4 02 30 74, www.waldhaus-heiligenwald.de

ENTDECKEN & ERLEBEN
- ① **Erlebnisort Reden,** 66578 Schiffweiler, Tel. (0 68 21) 97 29 20, www.erlebnisort-reden.de
- ② **Gondwana-Praehistorium,** Bildstockstraße, 66578 Schiffweiler, Tel. (0 68 21) 9 31 63 25, www.gondwana-das-praehistorium.de
- ③ **Altes Hüttenareal,** Saarbrücker Straße 21, 66538 Neunkirchen
- ⑥ **Kohlebaum**
- ⑦ **Förderturm**
- ⑧ **Itzenplitzer Weiher**
- ⑩ **Wassergarten**

AUSZEITEN 3

Auf einsamen Wegen
Im St. Wendeler Land

Wir starten unsere Tour am **Festplatz** in **St. Wendel,** der nur 900 Meter vom Bahnhof entfernt liegt, um uns am Ende der Tour die hübsche Altstadt anzuschauen und dort einzukehren. Wer mit der Bahn angereist ist, nimmt vom Bahnhof die Unterführung in die **Bahnhofstraße,** fährt bis zur ersten Abzweigung, biegt rechts ab, dann wieder links **(Goethestraße)** und fährt so lange geradeaus, bis der Festplatz erreicht ist. Auf ihm wenden wir uns nach links zur **Missionshausstraße.** Hier starten wir die Tour, indem wir die Straße rechts hinunterfahren bis zur ersten Gabelung. An dieser Stelle machen wir gleich einen Abstecher von weniger als 1 Kilometer zur idyllisch gelegenen ❶ **Wendelinuskapelle.** Wir fahren hier links, biegen an der nächsten Straße links in den Finkenweg und dann rechts in den Drosselweg ab, über den wir auf den **Kapellenweg** stoßen. Hier fahren wir rechts über eine schöne Allee zur Kapelle, die zusammen mit dem Klausnerhaus 1755 im Stil des Rokoko erbaut worden ist, später aber durch die französischen Revolutionstruppen stark beschädigt wurde. Heute ist das Ensemble zusammen mit dem Brunnen ein wunderbarer Ort der Stille. Es markiert den Ort, an dem der Heilige Wendelin als Einsiedler gelebt haben soll. Sein Grab befindet sich in der Basilika in der Altstadt.

Wir fahren denselben Weg zurück bis zur **Missionshausstraße,** biegen scharf links ab in die Straße mit dem schönen Namen **Am Kniebrecher,** halten uns an der nächsten Gabelung rechts und fahren dann auf einer alten Land-

Kilometer: 35
Höhenmeter: 200
Stunden: 4
RUNDTOUR

Wendelinuskapelle

Der **heilige Wendelin** lebte im 6. Jh. und war einer jener gottesfürchtigen Männer, die zur Zeit des Bischofs Magnerich in der Wildnis des „Vosagus" (Waldgebiet von den Vogesen bis in den Hunsrück) als Eremiten oder in kleinen Gemeinschaften lebten.

straße leicht bergauf Richtung **Niederlinxweiler.** An einem Tennisplatz führt unser Weg noch ein kleines Stück weiter auf einem geschotterten Weg bis zur querenden **Werschweilerstraße.** Wir biegen hier rechts ab und nach 200 Metern links Richtung **B 41.** Schon nach gut 150 Metern biegen wir wieder links ab in **Am Hirschberg** und fahren an einem Krankenhaus vorbei talwärts. An einer Gabelung halten wir uns rechts Richtung Keimbacher Hof, stoßen auf ein schmales Sträßchen und biegen links ab. Wir folgen nun seinem Verlauf vorbei am **Keimbacher Hof** mit offensichtlich glücklichen Hühnern und weiter durch ein wunderschönes stilles Tal praktisch ohne Autoverkehr. Wir genießen den Ausblick in die ländliche Idylle, an der die unsägliche landschaftszerstörende Flurbereinigung vorbeigegangen zu sein scheint, und fahren gemütlich im Schatten alter knorriger Eichen.

Nachdem wir einen kleinen Hügel überwunden haben, führt der Weg weiter durch ein anderes, ebenso

Im St. Wendeler Land

idyllisches und noch einsameres Tal. An Kreuzungen folgen wir zunächst immer der Beschilderung des Saar-Oster-Höhen-Radwegs Richtung **Dörrenbach.** Der Weg führt schließlich leicht bergauf auf eine windige Anhöhe mit einigen Windkraftwerken, die uns gedanklich in die Gegenwart zurückholen. Wir radeln weiter, begleitet von alten Obstbäumen, Schlehenbüschen und immer wieder alten Eichen. Nach einem langen geraden Stück kommen wir an eine Wegkreuzung mit einem Rastplatz unter alten Bäumen, von dem aus wir einen schönen Blick in das malerische Tal haben. Hier fahren wir rechts der Radwegbeschilderung folgend auf einen asphaltierten Feldweg, der uns hinunter in ein bewaldetes Tal führt. Auf der flotten Fahrt bergab dürfen wir nicht die Abzweigung nach links Richtung **Saal** verpassen.

Für die Seele
Stille und verwunschene Wege durch märchenhafte Täler und Wälder mit versteckten Kleinoden.

Landschaft bei Werschweiler

Ab hier sind wir nun bis zum Viadukt in Oberkirchen im **Ostertal** auf dem Saarland-Radweg unterwegs. Kurz vor Erreichen der Straße bei **Werschweiler** sehen wir rechts ein Storchennest in schwindelnder Höhe. Ihm hat man eine eigene Infotafel gewidmet. Wir biegen links ab und vor der Kirche im Dorf rechts. Ab dem Ortsende von Werschweiler sind wir wieder in grüner, schattiger Idylle entlang der Oster unterwegs. Der nächste Ort, den wir erreichen, ist **Niederkirchen,** wo wir an einer T-Kreuzung rechts abbiegen. Nach 300 Metern biegen wir schräg rechts ab in eine Seitenstraße Richtung Saal. Nach knapp 100 Metern fahren wir schräg links auf einen geschotterten Radweg.

Wir stoßen bei einem Bahnübergang auf eine Querstraße, die wir nach links versetzt überqueren. Wir radeln nun über 1 Kilometer auf Straßen durch das langgestreckte Dorf, um dann links Richtung Friedhof abzubiegen. Wir fahren am Friedhof vorbei durch ein kleines, dicht bewachsenes Seitental, bis wir

Im St. Wendeler Land

Hoof erreichen. Hier folgen wir der Beschilderung zuerst rechts in die **Neue Straße,** über die wir den Ort auch bald wieder verlassen. Nach einer Rechtskurve und Überquerung der Oster fahren wir links auf einen schnurgeraden Betonplattenweg durch den Auenwald. In **Osterbrücken** stoßen wir auf die **Brückenstraße,** auf die wir links abbiegen. Gleich an der nächsten Abzweigung biegen wir nach rechts auf den **Hofweg** ab und fahren weiter durch das Ostertal bis **Seitzweiler.** Hier biegen wir links ab, unterqueren einen Eisenbahnviadukt und halten uns danach rechts.

Wir stoßen auf die **Oberkircher Straße,** biegen links ab und fahren auf ihr durch **Haupersweiler** und danach auf einem parallel verlaufenden Radweg weiter bis **Oberkirchen.** Dort biegen wir an der Feuerwehr schräg links ab in die **Friedhofstraße** und fahren an der folgenden Kreuzung geradeaus in die **Dorfstraße.** Wir kommen an einer netten Bäckerei vorbei und sehen dann einen alten Eisenbahnviadukt vor uns, der in großer Höhe Oberkirchen überquert. Auf ihm fahren keine Züge mehr, stattdessen Fahrräder auf dem Fritz-Wunderlich-Radweg von Kusel bis Freisen. Auch wir werden gleich von der Brücke die Aussicht genießen können. Dazu müssen wir aber noch ein bisschen an Höhe gewinnen. Wir halten uns links, unterqueren den Viadukt und halten uns danach rechts. An der nächsten Kreuzung fahren wir rechts, überqueren die **Talbrückstraße** und fahren nochmal unter dem Viadukt hindurch bergauf, um danach schließlich den Bahntrassenradweg zu erreichen.

Wir biegen links ab, um auf dem elegant geschwungenen ❷ **Viadukt** hoch über den Dächern von Oberkirchen die Aussicht zu genießen. Er ist eine der größten Steinbrücken Deutschlands und wurde in nur

Eisenbahnviadukt Oberkirchen

Im St. Wendeler Land

16 Monaten Bauzeit von 1934 bis 1935 erstellt. 1970 wurde der Bahnbetrieb eingestellt und 1993 der Fritz-Wunderlich-Radweg eröffnet. Nach der Brücke verläuft die Bahntrasse durch einen künstlichen Taleinschnitt. Danach bietet sich nach links ein kurzer Abstecher zu einer Wassertretanlage an, um sich hier nach Kneipp abzukühlen. Kurz danach lädt uns der sympathische kleine ❸ **Rastplatz mit Saftschrank** zu einer Pause mit Aussicht und einem gekühlten Getränk in der Hand ein. Dieser tolle Service hat ein extra Trinkgeld verdient.

Nach einer langgezogenen Rechtskurve verlassen wir den Bahntrassenradweg nach links auf den Weisselberg-Radweg Richtung **Grügelborn.** Die **L 311** überqueren wir nach links versetzt. Hier haben wir den höchsten Punkt unserer Rundtour erreicht. Wir folgen dem Verlauf des geschotterten Wegs entlang einem Solarfeld, der danach asphaltiert weiterführt bergab zur **L 310** und von dort hinunter nach **Grügelborn.** Wir durchqueren das Dorf, indem wir der Beschilderung folgen. Danach geht es leider noch einmal bergauf. Endlich oben auf der Höhe angekommen, verlassen wir den Weisselberg-Radweg und biegen links ab Richtung **Hinkelberger Hof.** Hier bietet sich nun zur Belohnung für den langen Anstieg eine wunderbare Aussicht über die Hügel des Sankt Wendeler Lands. Am **Hinkelberger Hof** mit einer Reitschule biegen wir scharf rechts ab und ignorieren den Radwegweiser kurz danach nach links. Wir fahren stattdessen geradeaus und nun tiefenentspannt immer nur bergab durch eine wunderschöne Landschaft mit Feldern und Bäumen. Dann tauchen wir in ein idyllisches

Kilometerstein

Schloßplatz St. Wendel

Louise von Sachsen-Gotha-Altenburg lebte nach der Scheidung von Herzog Ernst I. von Sachsen-Coburg-Saalfeld ab 1824 im St. Wendeler Schloss. Ihr Sohn Albert erlangte große Berühmtheit durch seine Heirat mit Königin Victoria. Louise gilt damit als Stammmutter der britischen Königsfamilie.

Tal ohne Häuser und Straßen ein, sind allein mit uns und nur umgeben von traumhafter Natur. Erst die **Hauptstraße** von **Urweiler,** auf die wir nach langer Fahrt treffen, holt uns aus den Träumen.

Wir biegen rechts ab und folgen der Straße durch den ganzen Ort, danach geht sie in **St. Wendel** in die **Jahnstraße** über. An einer T-Kreuzung, an der man nur rechts abbiegen darf, steigen wir ab, schieben die Räder ein kurzes Stück und überqueren dabei die Jahnstraße und gleich die nächste Straße über zwei Zebrastreifen nach links. An der nächsten Ecke beginnt die als Spielstraße angelegte **Luisenstraße,** auf der wir nun wieder auf die Räder steigen und in das historische Stadtzentrum von St. Wendel fahren. Die Straße geht in eine Fußgängerzone über, in der wir weiter radeln dürfen. Die Straße weitet sich plötzlich zu einem Platz, an dem die ❹ **Basilika St. Wendelin** mit ihrer prächtigen Westfassade aufragt, von den Einheimischen Wendelsdom genannt. Ein Blick ins Innere der Kirche, die einer der

Im St. Wendeler Land

bedeutendsten Sakralbauten des Saarlands ist, lohnt sich unbedingt. Der Chor wurde 1360 fertiggestellt, das prächtige Chorgestühl stammt aus dem 18. Jahrhundert. Die Vollendung des Kirchenschiffs mit seinem schönen Kreuzrippengewölbe benötigte noch hundert Jahre. Hauptattraktion in der Kirche ist aber das um 1400 hergestellte prächtige Hochgrab mit den Gebeinen des 617 verstorbenen Heiligen Wendelin.

Im weiteren Verlauf führt die Fußgängerzone durch die Schloßstraße am Schloss vorbei, das heute als Rathaus dient, zum **Schloßplatz.** Hier befinden sich einige nette Lokale wie das ❺ **Burger-Bar-Café Bruder Jakob** und das ❻ **Café-Restaurant Le Journal.** Dem Platz gegenüber auf der anderen Seite der Bahnhofstraße beginnt die **Beethovenstraße,** in die wir nun fahren. An der nächsten Gabelung erreicht man nach rechts wieder den Bahnhof. Nach links und danach gleich wieder links und dann immer geradeaus landet man auf dem Parkplatz am Festplatz, wo wir gestartet sind.

Burger-Bar-Café Bruder Jakob

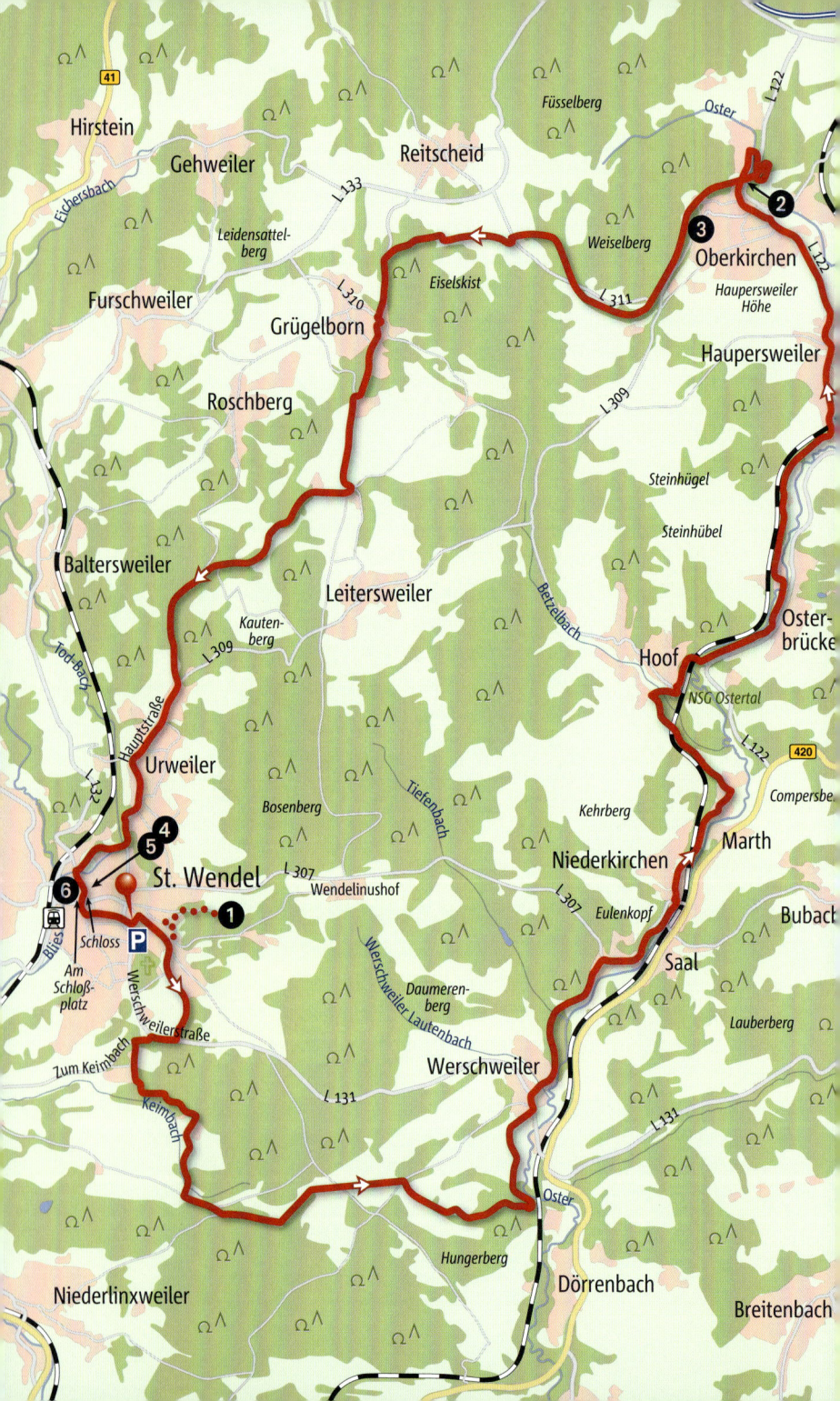

ALLES AUF EINEN BLICK

Entspannung 🪖🪖🪖🪖
Abenteuer 🪖🪖
Vielfalt 🪖🪖🪖

WIE & WANN
Kaum befahrene Straßen und vorwiegend asphaltierte Wege, eine lange und eine kurze Steigung. Ganzjährig gut befahrbar, am schönsten Frühling bis Herbst.

HIN & WEG
Auto: Parkplatz Festplatz (kostenlos), Missionshausstraße, 66606 St. Wendel
ÖPNV: Bahnhof St. Wendel, 900 Meter zum Festplatz

ESSEN & ENTSPANNEN
❺ **Burger-Bar-Café Bruder Jakob,** Schloßstraße 5, 66606 St. Wendel, Tel. (0 68 51) 9 12 88 19, www.bruderjakob.com
❻ **Café-Restaurant Le Journal,** Schloßstraße 16, 66606 St. Wendel, Tel. (0 68 51) 25 78, www.cafe-le-journal.de

Keine Einkehrmöglichkeiten unterwegs, mehrere Rastplätze.

ENTDECKEN & ERLEBEN
❶ Wendelinuskapelle
❷ Viadukt
❸ Rastplatz mit Saftschrank
❹ **Basilika St. Wendelin,** Fruchtmarkt 19, 66606 St. Wendel, www.sankt-wendelinus.de

Barockgarten Schloss Dagstuhl

AUSZEITEN 4

Eine Landpartie
Rund um Wadern

Wir verlassen den Parkplatz am **Noswendeler See** an der Zufahrt und folgen der schmalen **Seestraße** hinunter bis zur **L 148,** an der wir rechts abbiegen. Bei viel Verkehr können wir nach wenigen Metern an einer Ampel auf den Randstreifen an der linken Straßenseite wechseln, um dort 200 Meter bis zur nächsten Abzweigung zu fahren, wo wir links abbiegen nach **Bardenbach.** An der folgenden T-Kreuzung biegen wir rechts ab auf die **Waderner Straße.** Wir fahren bis zu einer Kirche, vor der wir links abbiegen Richtung **Dagstuhl.** Am Ortsende überqueren wir die Prims, fahren am Sportplatz vorbei und weiter durch das hübsche Primstal. Links von uns sehen wir den roten ❶ **Bardenbacher Fels,** nach dem das Naturschutzgebiet benannt wurde, das die Felspartie und die Auen der Prims umfasst.

Wir radeln weiter durch die stille Flussaue, bis sie sich nach links entfernt und wir geradeaus weiterfahren. Der Weg geht schließlich in die kleine asphaltierte **Buttnicher Straße** über. Wir durchqueren ein kleines Gewerbegebiet und kreuzen an dessen Ende eine Vorfahrtstraße. Danach fahren wir auf einer für den Durchgangsverkehr gesperrten und von hohen Bäumen umgebenen Straße in das **Löstertal.** Nach einer Linkskurve stehen wir vor der abgeschiedenen malerischen Anlage von ❷ **Schloss Dagstuhl** mit seinem barocken Herrenhaus und einer spätbarocken **Schlosskapelle,** die auch innen besichtigt werden kann (täglich 10–16 Uhr).

Kilometer: 25
Höhenmeter: 130
Stunden: 3
RUNDTOUR

Schloss Dagstuhl

Schlosskapelle

Der verschuldete Oettinger Graf Anton siedelte im 18. Jahrhundert nach Wadern um und erbaute sich 1760 Schloss Dagstuhl als Landsitz. Kapelle und Garten folgten wenig später. Die Französische Revolution bereitete dem Anwesen ein Ende, und es verfiel, bis es in den Besitz der Familie des Barons Wilhelm de Lasalle von Louisenthal kam. Die künstlerisch tätige Gräfin Octavie de Lasalle bemalte das Innere der Kapelle, wie es jetzt noch zu bewundern ist. Heute ist das Schloss im Besitz des Landes und beherbergt mit seinen modernen Nebengebäuden das Leibniz-Zentrum für Informatik.

Gegenüber der Straße liegt der liebliche, symmetrisch angelegte **Schlossgarten,** ein Ort der Stille und Besinnlichkeit. Rosen, Clematis und Lavendel verwandeln ihn in ein duftendes Blütenmeer. Oberhalb des Schlosses thront von hier unten nicht sichtbar die Ruine der ❸ **Burg Dagstuhl,** die man vom Besucherparkplatz aus zu Fuß über ei-

Rund um Wadern

nen Pfad erreichen kann oder per Rad auf dem Weg, der zwischen Schloss und Neubau hindurch führt. Danach fährt man geradeaus und hält sich dann immer rechts, bis man über die steil ansteigende **Burgstraße** die Ruine erreicht. Viel ist von ihr nicht mehr erhalten, lediglich Grundmauern und der Rest des Bergfrieds, der wie ein hohler Zahn in den Himmel ragt. Trotzdem bietet die von Wald umgebene Ruine ein romantisches Bild.

Für die Seele
Blumengärten bestaunen, an Kraftorten und unter mächtigen Bäumen rasten und Energie tanken.

Zurück vom Abstecher zur Burgruine fahren wir vom Schloss aus weiter auf der praktisch verkehrsfreien Straße. In einer Linkskurve fahren wir weiter geradeaus. Der Weg führt auf einen Hügel mit Aussicht, gefolgt von einem neu entstehenden Gewerbegebiet. Hier dürfen wir eine Linksabzweigung zu einem nahen **Kreisverkehr** nicht verpassen. An ihm biegen wir rechts auf die **L 149** ab. An der nächsten Abzweigung biegen wir wieder rechts ab auf ein kleines Sträßchen Richtung **Niederlöstern,** ei-

Burgruine Dagstuhl

Löstertal

nem kleinen Weiler unten im Löstertal. Dort versteckt sich das nette ④ **Anne's Hofcafé,** das leider nur Sonntagnachmittag geöffnet hat.

Wir radeln entspannt weiter auf dem malerischen Landsträßchen durch das idyllische abgeschiedene Tal. Der Weg führt durch das nette Örtchen **Rathen,** in dem die meisten Vorgärten noch mit Blumen anstatt mit Schotter angelegt werden. In **Buweiler,** dem nächsten Dorf, dürfen wir die Linksabzweigung an einer Bushaltestelle kurz nach dem Ortseingang nicht verpassen. Über einen Weg erreichen wir die **L 149,** auf die wir links abbiegen, sie aber schon nach 100 Metern wieder nach scharf rechts verlassen, ausgeschildert mit **Römische Monumentalgrabhügel.** Bis dorthin ist es aber noch ein gutes Stück. Zuerst fahren wir weiter durch die Landidylle des Löstertals. Am Ortsanfang von **Oberlös-**

Rastplatz in Oberlöstern

Rund um Wadern

tern halten wir uns links und treffen schließlich an einer kleinen Kreuzung auf einen witzig mit hölzernen Palmen und einer Bank gestalteten Rastplatz. Wir folgen hier dem Wegweiser zum **römischen Monumentalgrabhügel** nach links.

Nun durchqueren wir ein zauberhaftes Seitental, hinter dem sich ein Weg recht steil am Waldrand entlang einen Hügel mit Feldern hinaufzieht. Oben angekommen, erkennen wir die beiden ❺ **römischen Monumentalgrabhügel.** Auf einer Infotafel kann man einiges über die galloromische Anlage lesen. Picknickbänke laden zum längeren Verweilen ein, um die besondere Kraft diese Ortes zu verspüren.

Bis zur Hügelkuppe sind es nur noch 500 Meter, wo wir auf die kleine **Bruder-Klaus-Kapelle** unter hohen Bäumen am Waldrand treffen. Sie wurde 1989 erbaut und erinnert an einen Schweizer Geistlichen des 15. Jahrhunderts. Ein wunderbarer Ort, um sich auf

*In den 1990er-Jahren wurde das Gelände bei Oberlöstern archäologisch untersucht, wobei ein **Gräberfeld** mit den Resten eines Umgangstempels freigelegt wurde. Zwei der Grabhügel wurden rekonstruiert. Außerdem entdeckte man noch einen Gutshof und einen Steinbruch.*

Römische Monumentalgrabhügel

Bruder-Klaus-Kapelle

„Skulptur mit Lichtschlitzen"

einer der Bänke niederzulassen und in sich zu kehren. In unmittelbarer Nähe am Feldrand steht eine schöne steinerne ❻ **Skulptur,** die aus mehreren Gesteinsarten besteht. Ihr Name ist „Skulptur mit Lichtschlitzen", ein Werk des Künstlers Leo Kornbrust und Teil des Projekts „Straße des Friedens – Straße der Skulpturen in Europa".

Wir lassen nun die Räder auf der gegenüberliegenden Hangseite gemütlich bergab hinunter in das **Wadrilltal** laufen, wobei wir gleich an einer zweiten Skulptur vorbeikommen. An der nächsten Kreuzung mit zwei Bänken unter einer Gruppe Birken fahren wir links. Unten im Tal angekommen, überqueren wir die Hunsrückstraße in die **Reidelbacher Straße.** Wenig später kreuzen wir die **Wadrill** und biegen an der nächsten Gabe-

Rund um Wadern

lung links auf einen Feldweg ab. Der zieht sich nun äußerst malerisch zwischen einem bewaldeten Berghang und grünen Wiesen im Tal an einem trocken liegenden alten Mühlkanal entlang.

Nach etwa 1,5 Kilometern erreichen wir **Wedern,** wo wir an der ersten Kreuzung dem Radwegweiser folgend links abbiegen. An der nächsten Gabelung fahren wir rechts und danach wieder rechts in den **Karrenweg,** der uns aus dem Ort hinaus auf eine Anhöhe führt. Dort werden wir für den Anstieg mit einem wunderbaren Rundumblick über die Landschaft am Rande des Hochwalds belohnt. Wir fahren weiter geradeaus hinunter nach **Morscholz,** wo uns ein romantischer, von alten knorrigen Eichen wie aus dem Bilderbuch gesäumter Hohlweg empfängt. An der Vorfahrtstraße fahren wir rechts bis zur Kirche, an der wir links abbiegen. An der nächsten Abzweigung biegen wir wieder links ab. An

Naturschutzgebiet Noswendeler Bruch

AUSZEITEN 4

der Kreuzung liegt das ❼ **Gasthaus zur Linde** mit einem Biergarten, das zwar außer montags und dienstags ab Mittag geöffnet hat, aber nur Getränke anbietet.

Am Ortsende biegen wir dem Radwegweiser folgend rechts ab und fahren über Felder bis zur kleinen ❽ **Kapelle Bildchen,** an der wir links in den Wald hinein abbiegen. Kurz danach überqueren wir die **L 151** und fahren geradeaus weiter durch einen Mischwald. Danach führt der Weg vorbei an Feldern und Streuobstwiesen stets leicht bergab

Noswendeler See

Rund um Wadern

nach **Noswendel.** An der Kreuzung mit abknickender Vorfahrtstraße fahren wir geradeaus in die **Seestraße,** die uns zu unserem Startpunkt am **Noswendeler See** bringt. Wir fahren aber nicht direkt zum Parkplatz, sondern biegen am Ortsende links ab zum kleinen Stausee, an dem die ❾ **Seeklause** liegt, eine einfache Kneipe mit „kleiner Küche", die außer montags ab 14 Uhr geöffnet hat. Für eine gesunde Art der Erfrischung radeln wir am Seeufer entlang über den Staudamm zur schattig gelegenen, mit erfrischendem Quellwasser gespeisten ❿ **Kneippanlage.** Auf einem kleinen Barfußpfad kann man sich die Fußsohlen massieren lassen und auf Bänken und einer großen Liege wunderbar relaxen.

*Der **Noswendeler See** ist kein Badesee, bietet aber einen Tretbootverleih, ein Beachvolleyballfeld und am Wochenende eine üppige Bewirtung mit riesigem Kuchenbuffet. Dem See schließt sich der Noswendeler Bruch an, das größte Feuchtbiotop des Saarlandes.*

ALLES AUF EINEN BLICK

Entspannung 🪖🪖🪖
Abenteuer 🪖🪖
Vielfalt 🪖🪖🪖

WIE & WANN
Kaum befahrene Straßen, asphaltierte Feldwege, geschotterte Waldwege. Einige kurze Steigungen. Ganzjährig befahrbar, am schönsten Frühling bis Herbst.

HIN & WEG
Auto: Parkplatz Noswendeler See (kostenlos), Seestraße, 66687 Wadern
ÖPNV: Kein Anschluss

ESSEN & ENTSPANNEN
④ **Anne's Hofcafé,** Niederlöstern 2, 66687 Wadern, Tel. (0 68 71) 92 23 80
⑦ **Gasthaus zur Linde,** Konfelder Straße 5, 66687 Wadern, Tel. (0 68 71) 25 29
⑨ **Seeklause,** Seestraße 27, 66687 Wadern, Tel. (0 68 71) 52 44

Mangels Einkehrmöglichkeiten vor allem wochentags Proviant mitnehmen.

ENTDECKEN & ERLEBEN
① **Bardenbacher Fels**
② **Schloss Dagstuhl,** Oktavie-Allee, 66687 Wadern, www.schlossdagstuhl.de
③ **Burg Dagstuhl,** Burgstraße, 66687 Wadern, www.burgdagstuhl.de
⑤ **Römische Monumentalgrabhügel**
⑥ **Skulptur**
⑧ **Kapelle Bildchen**
⑩ **Kneippanlage**

Brücke über die Blies in Bliesschweyen

AUSZEITEN 5

Grenzlandrunde
Am Unterlauf der Blies

Wir starten unsere Rundtour an der **Bliesmühle** (Moulin de la Blies) in **Sarrguemines** an der deutsch-französischen Grenze. Um vom **Bahnhof Sarreguemines** dorthin zu gelangen, überquert man die Saar auf der **Pont des Alliés,** biegt dahinter dreimal rechts ab zum Radweg am Flussufer. Er führt an der Saar entlang bis zur Bliesmündung und dann weiter an der Blies bis zur Freundschaftsbrücke an der **Bliesmühle,** wo sich auch der Parkplatz befindet. Auf dem Gelände der Mühle verbirgt sich heute nicht nur ein einmaliges Museum über die Technik der Keramikherstellung. Rund um die Mauern verfallener Gebäude und um einen Bachlauf wurde ein traumhaft schöner Garten angelegt. Alles zusammen macht den Besuch der Bliesmühle zu einem unvergesslichen Erlebnis. Dieses wollen wir uns aber ggf. für das Ende der Radtour aufheben, weshalb wir jetzt erst mal auf die Räder steigen.

Bliesmühle

Wir radeln wenige Meter hinunter an die Blies und überqueren über eine Fußgängerbrücke den Fluss. Von hier haben wir auch einen schönen Blick auf das Mühlengebäude. Am anderen Ufer angekommen, sind wir schon im Saarland und biegen hier auf den Radweg Richtung **Auersmacher** rechts ab. Der Weg verläuft etwa 1 Kilometer entlang dem Flussufer durch wunderschönen Auwald. Dann müssen wir links abbiegen und durch den Wald bergauf radeln. Nach rund 500 Me-

Kilometer: 23
Höhenmeter: 185
Stunden: 3
RUNDTOUR

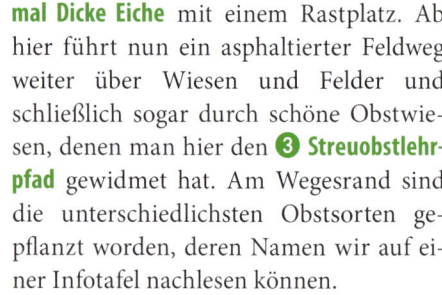

Teich des Angelsportvereins Auersmacher

tern entdecken wir auf einer Lichtung einen ❶ **Teich des Angelsportvereins Auersmacher** mit einem kleinen Biergarten direkt am Wasser.

Auf der Weiterfahrt kreuzen wir die **L 106.** Kurz vor dem Ende des Waldes erreichen wir das ❷ **Naturdenkmal Dicke Eiche** mit einem Rastplatz. Ab hier führt nun ein asphaltierter Feldweg weiter über Wiesen und Felder und schließlich sogar durch schöne Obstwiesen, denen man hier den ❸ **Streuobstlehrpfad** gewidmet hat. Am Wegesrand sind die unterschiedlichsten Obstsorten gepflanzt worden, deren Namen wir auf einer Infotafel nachlesen können.

Streuobstlehrpfad

Am Rande von **Auersmacher** erreichen wir die **St.-Barbara-Höhe** beim gleichnamigen Seniorenzentrum. Hier biegen wir links ab und fahren hinunter Richtung Ortsmitte. Wenn der Kirchturm in unser Blickfeld kommt, biegt unser Radweg rechts ab in die **Hochstraße.** Es lohnt sich

Am Unterlauf der Blies

aber auf jeden Fall, noch 200 Meter in die Dorfmitte zu fahren, da um die Kirche herum noch einige schöne alte Bauernhäuser mit Hoftoren und prächtigen Fassaden mit Fensterläden erhalten geblieben sind, die dem Ortsbild einen selten gewordenen Charme verleihen. Am Dorfplatz finden wir das nette Gasthaus ❹ **Zur Schwemm,** das nur sonntags schon ab Mittag geöffnet hat.

Wir setzen die Tour auf unserer Radroute fort, verlassen den Ort und fahren durch einen kleinen Weißbuchenhain. Danach geht es noch ein Stück weiter bergauf über durch Hecken unterteilte Felder und Wiesen, die einen herrlichen Blick in die weite Landschaft freigeben. Der Weg führt weiter in einen dichten Laubwald, wo wir nun bald das Ende des längsten Anstiegs dieser Rundtour erreicht haben. Was wir hier oben nicht erwartet haben, ist der ❺ **Entenpfuhl Kleinblittersdorf** mitten im Wald, in dem sich Erlen wohlzufühlen scheinen. Auf einer Tafel können wir nachlesen, welche Amphibien hier leben, die

Für die Seele
Idyllische Talauen und Wälder, aussichtsreiche Höhen, traumhafte Landschaften, Garten der Sehnsucht.

Entenpfuhl Kleinbittersdorf

Am Unterlauf der Blies

wahrscheinlich der Grund sind, warum wir nicht von Stechmücken heimgesucht werden.

Wir stoßen schließlich auf die **L 254.** Nach rechts erreicht man auf einem Abstecher nach 500 Metern über einen separaten Radweg hinter der Leitplanke das schöne ❻ **Landgasthaus Wintringer Hof** mit gehobener Küche, die sich ganz Bio und Slow Food verschrieben hat. Es hat täglich außer montags ab 17:30 Uhr geöffnet, nur sonntags kann man hier auch zu Mittag speisen. Gegebenenfalls ein lohnender Abstecher, bei dem man auch gleich die **Wintringer Kapelle** besichtigen kann. Das instandgesetzte mittelalterliche Bauwerk strahlt eine starke poetische Kraft aus.

Wir überqueren die Straße und fahren auf dem Radweg weiter, der direkt wieder in Wald eintaucht. Etwas später kreuzen wir eine kleine Straße und haben danach gleich den vorerst höchsten Punkt der Tour erreicht. Bald verlässt der Weg den Wald und verläuft über Felder. An einer Abzweigung fahren wir rechts Richtung **Bliesransbach** auf einem asphaltierten Weg steil bergab, der uns einen grandiosen Ausblick auf den Bliesgau beschert. Vor der nächsten Abzwei-

AUSZEITEN 5

Die **Bliesgau Ölmühle** hat sich erst 2007 dem Anbau und der Herstellung seltener heimischer und genussreicher Speiseöle verschrieben, die man im Hofladen zusammen mit einer großen Auswahl anderer Produkte kaufen kann, viele davon in Bioqualität.

gung müssen wir scharf abbremsen, um links abzubiegen und direkt auf das Gut Hartungshof mit der ❼ **Bliesgau Ölmühle** zuzufahren.

Mitten auf dem Hof dürfen wir die Radwegweisung zwischen den Gebäuden nach rechts nicht übersehen. Danach fahren wir weiter kurz durch Wald und danach wieder über aussichtsreiche Feldwege, ein Fest für das Auge. Bald geht es ein letztes Mal wieder bergauf und in einen Wald hinein. Dort dürfen wir an der nächsten Abzweigung den im Grünen versteckten Wegweiser nach rechts nicht übersehen. Wir verlassen den Wald und fahren bis zu einer T-Kreuzung. Hier biegen wir rechts ab und radeln relativ steil bergab, vorbei am Zugang zur Naturbühne, in der seit 1932 jedes Jahr im Sommer Freilichttheater gespielt wird, zum Flecken **Gräfinthal.** Dort folgen wir dem Wegweiser Richtung **Sarreguemines** nach rechts, um zum malerischen Gebäude- und Ruinenensemble von ❽ **Kloster Gräfinthal** zu gelangen.

Restaurant Gräfinthaler-Hof

Am Unterlauf der Blies

Kloster Gräfinthal

Von der Kirche stehen nur noch die Außenmauern, 1809 wurde der Chor zur Kapelle umgebaut. Sehenswert ist auch das barocke Taubenhaus im malerischen Hof. Ein Grund für die Beliebtheit von Gräfinthal ist nicht zuletzt die Gastronomie mit dem im Guide Michelin gelisteten ❾ **Gräfinthaler-Hof,** dessen elegante Räumlichkeiten und charmante Terrasse gelobt werden. Direkt gegenüber wartet die ❿ **Trattoria La Contessa** mit italienischer Küche.

Beim Verlassen von Gräfinthal überqueren wir den Letschenbach. Bald erreichen wir die ersten Häuser von **Bliesmengen-Bolchen,** wo wir der Beschilderung folgend rechts in den **Schweyer Weg** abbiegen. An der folgenden T-Kreuzung fahren wir gut 50 Meter rechts, um

Gräfin Elisabeth gründete 1243 das Wilhelmitenkloster bei Bliesmengen. Es wurde mehrmals zerstört und wieder aufgebaut. **Gräfinthal** *war das letzte deutsche Wilhelmitenkloster, wurde 1785 aufgelöst und verfiel. 1999 wurde es vom Benediktinerorden neu belebt.*

Taubenhaus

Am Unterlauf der Blies

dann links auf die für Autos gesperrte **Fährmannsbrücke** über die Blies nach **Blies-Schweyen** abzubiegen. Dabei überqueren wir die unsichtbare Grenze nach Frankreich. Nach der Brücke folgt noch eine weitere, die über einen kleinen Kanal führt, hinter der wir rechts abbiegen und 250 Meter am Wasser entlangfahren. Dann biegen wir links ab und treffen auf die **Rue des Écoles,** auf der der offizielle Radweg verläuft. Hier biegen wir rechts ab und folgen der Straße. Der Wiesenstreifen ist mit verschiedenen Skulpturen dekoriert.

Am Ortsende wechseln wir auf den Radweg links der Straße und radeln weiter durch das Bliestal, das hier die Grenze zwischen dem Saarland und dem früheren Lothringen bildet. In **Blies-Guersviller** machen Tal, Fluss, Grenze und die Hauptstraße einen Linksknick, dem wir folgen. Wir schlängeln uns weiter auf dem Radweg neben der Landstraße durch das schöne Tal mit seinen Wäldern, Wiesen,

Grenzfluss Blies

knorrigen alten Bäumen und kleinen Dörfern am Flussufer. Kurz vor dem Ortsschild von **Sarreguemines** wechselt unser Radweg auf die rechte Straßenseite und verläuft auf den letzten Metern durch einen grünen Tunnel zwischen Hecken entlang dem Gelände der ehemaligen Fayencerie in der ⓫ **Bliesmühle.** Wir haben den Ausgangspunkt unserer Rundtour erreicht und freuen uns auf den Besuch des Museums und des Jardin des Faïenciers. Wem es mehr nach einer Abkühlung ist, findet gegenüber im Centre Nautique ein Hallen- und Freibad mit Riesenrutsche.

Bliestal bei Bliesschweyen

Am Unterlauf der Blies

Der Eingang befindet sich mit dem Museumscafé in einem modernen Bau. Der Eintritt ist am ersten Sonntag im Monat frei. Auch wenn man sich nicht für Keramik interessiert, wird man vom **Musée des Techniques Faïencières** (Museum für Fayence-Techniken) begeistert sein. Man wird zurückversetzt in die Zeit, als hier noch Keramik hergestellt wurde. Auf den Tischen liegen Stapel von Tellern, die bereit sind, gebrannt oder dekoriert zu werden, die Pinsel der Malerinnen liegen noch auf dem Tisch, als wären sie nur mal kurz weggegangen. Es ist ein Traum, durch die historischen Fabrikräume zu wandeln. Teile der Gebäude sind zerfallen und von Kletterrosen überwuchert. Hier beginnt der **Jardin des Faïenciers,** ein wunderschöner verträumter Garten, in dem man spazieren gehen und dem Alltag entfliehen kann, dank einer Kulisse, in der die Natur mit den Spuren der Industriekultur eine einmalige Symbiose eingeht. Nicht umsonst wurde die Bliesmühle 2015 zum neuntbeliebtesten Bauwerk ganz Frankreichs gewählt. Ein Ort, den man nicht so schnell vergisst.

*Die 1790 gegründete **Keramikmanufaktur** wurde 1800 von einem jungen Bayern übernommen und zum Erfolg geführt. Kaiser Napoleon war sein bester Kunde. 1841 wurde die Bliesmühle erbaut. Nach Übernahme durch ein Konsortium 1978 begann der Niedergang, 2007 erfolgte der Konkurs.*

Bliesmühle

ALLES AUF EINEN BLICK

Entspannung 🟢🟢🟢🟢
Abenteuer 🟢🟢🟢
Vielfalt 🟢🟢🟢🟢

WIE & WANN
Befestigte Radwege, teilweise geschotterte Feldwege, Forstwege. Ein langer Anstieg. Ganzjährig gut befahrbar, am schönsten Frühling bis Herbst.

HIN & WEG
Auto: Parkplatz Bliesmühle (Moulin de la Blies, kostenlos), 57200 Sarreguemines, Frankreich
ÖPNV: Gare de Sarreguemines, 3 Kilometer zur Bliesmühle

ESSEN & ENTSPANNEN
- ❹ **Zur Schwemm,** Sittersvvalder Straße 5, 66271 Auersmacher, Tel. (0 68 05) 83 14, www.zurschwemm.eatbu.com
- ❻ **Landgasthaus Wintringer Hof,** Am Wintringer Hof 1, 66271 Kleinblittersdorf, Tel. (0 68 05) 90 25 00, www.landgasthaus.saarland
- ❾ **Gräfinthaler Hof,** Gräfinthal 6, 66399 Mandelbachtal, Tel. (0 68 04) 9 11 00, www.graefinthaler-hof.de
- ❿ **Trattoria La Contessa,** Gräfinthal 3, 66399 Mandelbachtal, Tel. (0 68 04) 9 94 01 44, www.trattoria-lacontessa.de

ENTDECKEN & ERLEBEN
- ❶ Teich des Angelsportvereins Auersmacher
- ❷ Naturdenkmal Dicke Eiche
- ❸ Streuobstlehrpfad
- ❺ Entenpfuhl Kleinblittersdorf
- ❼ **Bliesgau Ölmühle,** Hartungshof 6, 66271 Kleinblittersdorf, Tel. (0 68 05) 9 29 80 85, www.bliesgauoele.de
- ❽ **Kloster Gräfinthal,** www.benediktiner-kloster-graefinthal.de
- ⓫ **Bliesmühle,** 125 Avenue de la Blies, 57200 Sarreguemines, Frankreich, Tel. +33 (3 87) 98 28 87

Blick von der Teufelsburg

WEITBLICKE 6

Über die Höhen
Von Saarlouis in den Saargau

Wir starten unsere Tour in **Saarlouis** am **Großen Markt** vor dem Rathaus. Vom kostenlosen **Parkplatz am Sportzentrum In den Fliesen,** wo sich auch ein kostenloser Wohnmobilstellplatz befindet, fahren wir über den Friedensweg zur **Holtzendorffer Straße,** biegen rechts ab und radeln geradeaus bis zum Rathaus. Vom **Hauptbahnhof** fährt man einfach geradeaus über den Kreisverkehr durch die **Bahnhofsallee,** um ebenfalls über die Holtzendorffer Straße nach 1,5 Kilometern zum Startpunkt zu gelangen.

Wir stehen auf dem **Großen Markt** und blicken auf das unter Denkmalschutz stehende ❶ **Rathaus,** ein beeindruckend großer Bau aus den 1950er-Jahren mit einem 27 Meter hohen Turm und Glockenspiel. Wir fahren nun auf der Straße vor dem Rathausgebäude nach rechts und biegen an der ersten Abzweigung links ab und am nächsten Eck wieder rechts in die **Pavillonstraße.** Ihr folgen wir, wobei wir uns nach einer Ampelkreuzung leicht links halten müssen, bis zu einer Vorfahrtstraße. Hier biegen wir links ab und treffen schon nach wenigen Metern auf die **Eisenhüttenstädter Allee.** Hier biegen wir wieder links und schon nach 50 Metern wieder rechts ab auf einen Weg, der uns zum Saarufer führt. Hier machen wir einen U-Turn nach rechts, um auf dem Radweg am **Saarufer** in östlicher Richtung zu fahren.

Wir lassen nun die Stadt hinter uns und radeln ganz entspannt auf dem komfortablen breiten Radweg zwischen der still dahinfließenden Saar und ausgedehnten Feldern mit

Kilometer: **38**
Höhenmeter: **190**
Stunden: **4**
RUNDTOUR

WEITBLICKE 6

Gemüseanbau. Vor uns in der Ferne sehen wir das Wahrzeichen des Saarlands aufragen, das **Saarpolygon,** eine stählerne Skulptur als begehbares Denkmal zur Erinnerung an den 2012 endgültig beendeten Steinkohlebergbau im Saarrevier. Es steht auf einer 150 Meter hohen Halde auf der anderen Seite der Saar.

Rathaus Saarlouis

Hinter der nächsten Brücke verlassen wir die Saar und folgen dem asphaltierten Weg nach rechts, bis wir am Rande von **Lisdorf** auf die **Kleinstraße** treffen. Hier fahren wir links und die nächste wieder rechts und folgen weiter der Radwegbeschilderung, bis wir rechts in die **Deichslerstraße** Richtung Altforweiler abbiegen. Nun fahren wir stets geradeaus und folgen bis auf Weiteres der Beschilderung der **Saarlouiser Runde.** Hinter Lisdorf überqueren wir die Autobahn **A 620.** Danach geht es in **Holzmühle** weiter geradeaus Rich-

Saar-Radweg mit Saarpolygon

Von Saarlouis in den Saargau

tung **Altforweiler.** Schließlich müssen wir vom **Taffingsweg** links in einen unscheinbaren Rad- und Fußweg abbiegen, in grünes Dickicht hinein. Wir radeln gleich danach rechts am Taffingsweiher entlang, halten uns danach links und überqueren über eine kleine Brücke den winzigen Neuforweiler Mühlenbach, der uns durch sein rot gefärbtes Bachbett auffällt. Unvermittelt treffen wir auf die **Taffingsmühle** mit noch funktionierendem Wasserrad und dem ❷ **Restaurant El Greco.** Der zauberhafte Gastgarten in der grünen Idylle verlockt uns zu einer Rast beim gastfreundlichen Griechen, der außer montags täglich auch mittags geöffnet hat.

Direkt nach der Mühle halten wir uns an einer Weggabelung schräg links Richtung **Altforweiler.** Der Feldweg, auf dem wir uns an der nächsten Gabelung erneut links halten, führt uns auf eine leichte Anhöhe, von der aus wir die Hügel des Saargaus sehen. Wir folgen stets den Radwegweisern Richtung Altforweiler über die weiten Felder mit sandigen Böden. Nachdem wir die L 350 gekreuzt haben, biegen wir 400 Meter danach scharf links ab auf einen asphaltierten Weg, der uns nun endlich nach langer Ankündigung nach **Altforweiler** führt.

Wir radeln stets geradeaus durch den Ort, um dann an der vierten Abzweigung scharf rechts in die **Untere Bergstraße** abzubiegen. Die geht kurz danach in einen geschotterten Weg über und danach in die asphaltierte Alte Bergstraße, die schließlich steil hinauf zur auf dem Bergrücken liegenden mittelalterlichen Stadt **Berus** führt. Gegenüber der Feuerwehr erreichen wir eine Vorfahrtstraße und biegen hier links ab für einen Abstecher in den ❸ **alten Ortskern von Be-**

Für die Seele
Glitzerndes Wasser, klappernde Mühlen, luftige Höhen mit Ruinen und Märchenwald, lebendige Kneipenszene.

Wasserrad der Traffingsmühle

Blick von Berus

Von Saarlouis in den Saargau

rus. Dazu fahren wir geradeaus durch die **Kirchenstraße,** wo wir am Philipps Haus von 1580 vorbei zur Kirche St. Martin kommen. Von einer Terrasse beim Kirchturm aus können wir einen weiten Blick über die Landschaft genießen. Am Ende des alten Ortskerns, der heute mehr von einem verschlafenen Dorf als von einer bedeutenden mittelalterlichen Bergfeste hat, fahren wir links und durch die **Burgstraße** zurück. Hier ist noch das Torhaus Scharfeneck erwähnenswert.

Wir radeln zurück, wie wir gekommen sind, und biegen dann nach der Feuerwehr links ab Richtung ❹ **Europadenkmal.** Nach 600 Metern erreichen wir über die noch etwas ansteigende Straße eine Anhöhe mit dem weithin sichtbaren Denkmal aus zwei 16 Meter hohen Betonplatten und einer Aussichtsterrasse, von der aus man ins nahe Frankreich und ins Saartal blicken kann. Hier kann man sich auf einer Wiese oder einer der großen hölzernen Liegen niederlassen und den Blick über die hügelige Landschaft schweifen lassen.

Wir fahren noch einen Kilometer weiter auf der Straße, die bald wieder bergab und zur ❺ **St.-Oranna-Kapelle** führt, in idyllischer Lage von alten Bäumen umgeben unterhalb der Straße. Oranna ist die Schutzheilige des saarländisch-lothringischen Grenzlands. Sie soll im 7. Jahrhundert aus Schottland oder Irland gekommen sein, um als Einsiedlerin und Missionarin hier zu leben.

Wir radeln auf dem kleinen Landsträßchen weiter bis zur vorfahrtberechtigten **L 351.** Hier biegen wir links ab und nach weniger als 50 Metern gleich wieder links auf einen als **Saarland-Radweg** ausgeschilderten Feldweg. Der Weg führt leicht bergauf, wo wir bald rechts von uns den ehemaligen ❻ **Sender Europe 1** sehen. Die riesige Sendehalle in futuristischer Beton-

Die **St.-Oranna-Kapelle** *war einst Pfarrkirche der heutigen Wüstung Eschweiler. Teile des Chors mit Kreuzrippengewölbe stammen aus der Hochgotik. Die Kirche wurde mehrfach verändert und im Zweiten Weltkrieg stark beschädigt.*

Europadenkmal

Sender Europe 1

Weg zur Teufelsburg

architektur und ein Sendeturm wurden 1955 für den Radiosender errichtet, der auf Langwelle ein privates Radioprogramm nach ganz Frankreich sendete. Zu der Zeit waren private Sender in Frankreich genau wie in Deutschland verboten. Das Saarland hatte durch die französische Besatzung bis 1957 einen Autonomiestatus, der den Betrieb eines privaten Senders ermöglichte. 2019 wurde der Sendebetrieb eingestellt. Europe 1 sendet heute in Frankreich über UKW. An einer Stelle tangieren wir die Staatsgrenze, die hier quer über die Felder verläuft, was man allerdings nur auf der Karte nachvollziehen kann. Die Windräder links von uns stehen demnach in Frankreich.

Wir radeln stets weiter über die weite, von Feldern geprägte Landschaft und treffen auf die **B 269** mit ihren Alleebäumen. Wir biegen rechts auf sie ab und fahren 2 Kilometer auf der schnurgeraden Allee bis **Oberfelsberg.** Dort biegen wir rechts auf die **B 405** und danach beim braunen Wegweiser **Teufelsburg** sofort links ab. Vorbei an einer efeuumrankten

Von Saarlouis in den Saargau

Madonna, einer Superminiausgabe einer Lourdesgrotte, fahren wir auf einem geschotterten Weg nun durch einen parkähnlichen, verwunschen wirkenden Wald mit alten knorrigen Baumstämmen und steilen Felswänden. An einem eisernen Tor erreichen wir den Zugang zur Burgruine der ❼ **Teufelsburg.** Im Gegensatz zum Weg hierher lässt die Anlage mit funktionell befestigten Mauerresten kaum romantische Stimmung aufkommen, mit Ausnahme des teilweise noch erhaltenen Kellergewölbes. Beeindruckend ist allerdings der Blick von hier ins Saartal.

Wir fahren zurück bis an die Bundesstraße, biegen dort links und danach sofort wieder links ab in den steil bergab führenden **Kirchenweg,** auf dem wir die **Metzer Straße** erreichen. Auf sie biegen wir links ab und radeln durch **Unterfelsberg,** bis wir kurz vor dem Ortsende links Richtung **Sportplatz** abbiegen. Auf einem betonierten Feldweg fahren wir durch von Feldern geprägte Landschaft bis kurz vor **Beaumarais,** wo wir vor einer Leitplanke links abbiegen müssen und durch einen zauberhaften Akazienwald bis zur nächs-

Teufelsburg

Gewölbe unter der Teufelsburg

ten Kreuzung fahren. Hier biegen wir rechts ab nach Beaumarais, treffen auf eine Spielstraße und biegen an der nächsten Kreuzung rechts dem Radwegweiser folgend ab. An der nächsten Abzweigung fahren wir links auf die **Felsberger Straße.** Nach 150 Metern müssen wir abbremsen, um den an der Gabelung schräg links abzweigenden Weg nicht zu verpassen.

Im weiteren Verlauf unterquert der Uferweg an der Alten Saar die Brücke der **St. Nazairer Allee.** *Wer nicht bis ins Zentrum radeln will, sondern auf kürzestem Weg zum Parkplatz In den Fliesen fahren möchte, überquert am besten auf dieser Brücke die Alte Saar.*

Wir fahren nun stets geradeaus über ziemlich sandige Feldwege, bis wir in **Wallerfangen** endlich wieder Asphalt unter den Rädern spüren. Hier geht es geradeaus weiter bis zur **Leoniestraße,** in die wir beim Radwegweiser rechts abbiegen. Wir treffen auf die verkehrsreiche Hauptstraße, unsere Route biegt hier rechts und nach 30 Metern gleich wieder links ab. Zuvor kann man aber einen 70 Meter kurzen Abstecher nach links zum Restaurant ❽ **Stefans im Jägerhof** machen, ein kleines, feines Restaurant mit exzellenter Küche.

Unser Radweg führt uns am privaten englischen Park des Hofguts von Papen vorbei. Wir biegen links ab und fahren weiter entlang der Parkmauer, bis wir die **A 620** unterqueren. Dahinter biegen wir links ab und halten uns danach rechts, um den Uferweg an der

Von Saarlouis in den Saargau

Saar zu erreichen. Hier fahren wir nach rechts auf dem Radweg, bis wir auf die **Alte Saar** stoßen, der wir nach rechts Richtung Saarlouis City folgen. Der Weg führt entlang dem verwunschenen, zugewachsenen Altarm der Saar. An einem Wehr geht es kurz bergauf. Hier halten wir uns an einer Gabelung rechts, um nicht an das andere Ufer zu gelangen.

Wir fahren weiter am Ufer des Saaraltarms und erkennen links die ❾ **Vaubaninsel** mit einem Biergarten. Wir radeln noch ein Stück weiter zwischen Wasserfontäne und Bastion Prinz Albrecht und unter der Schleusenbrücke hindurch, um kurz danach über einen U-Turn hinauf zur Straße zu gelangen. Hier fahren wir quasi wieder zurück bis zur Brücke. Biegt man hier rechts ab, gelangt man direkt zum **Hauptbahnhof.** Wir biegen aber links ab, fahren durch das Deutsche Tor und dann am **Rathaus** vorbei und erreichen den **Großen Markt,** wo wir die Tour gestartet haben. In der Altstadt finden wir Einkehrmöglichkeiten ohne Ende.

*Der **Große Markt,** der größte Stadtplatz im südwestdeutschen Raum, war ursprünglich ein Exerzierplatz. Seit Jahrzehnten dient er nur als Parkplatz. Seit den 1990er-Jahren gibt es Bestrebungen, ihn umzugestalten, die nun endlich Form anzunehmen scheinen.*

Vaubaninsel

ALLES AUF EINEN BLICK

Entspannung 🪖🪖🪖
Abenteuer 🪖🪖🪖🪖
Vielfalt 🪖🪖🪖🪖

WIE & WANN
Radwege, befestigte und wenige geschotterte Wege, kaum befahrene Straßen, wenige Kilometer auf normal befahrenen Straßen. Eine starke Steigung. Ganzjährig befahrbar, am schönsten Frühling bis Herbst.

HIN & WEG
Auto: Sportzentrum In den Fliesen (kostenlos), St. Nazairer Allee 6, 66740 Saarlouis
ÖPNV: Hauptbahnhof Saarlouis

ESSEN & ENTSPANNEN
② **Restaurant El Greco,** Bei der Taffingsmühle 2, 66740 Saarlouis, Tel. (0 68 31) 9 44 00
⑧ **Stefans im Jägerhof,** Hauptstraße 6, 66798 Wallerfangen, Tel. (0 68 31) 5 05 88 98

Mangels Einkehrmöglichkeiten vor allem wochentags Proviant mitnehmen.

ENTDECKEN & ERLEBEN
① Rathaus
③ Alter Ortskern von Berus
④ Europadenkmal
⑤ St.-Oranna-Kapelle
⑥ Sender Europe 1
⑦ Teufelsburg, www.teufelsburg.de
⑨ Vaubaninsel

Bickenalbtal

WEITBLICKE 7

Pure Idylle
Panoramatour um die Bickenalb

Wir verlassen den Parkplatz beim Sportplatz Richtung Ortsmitte von **Altheim** und steuern direkt auf die Kirche zu. An einer Kreuzung sehen wir links das ❶ **Bickenalb-Center.** Im Namen verbirgt sich für das kleine Lädchen mit Bäckerei und Café sicher eine gewisse Portion Selbstironie. Es wird die einzige Einkaufsmöglichkeit auf dieser Radrunde bleiben, sodass man sich für ein Picknick unterwegs hier eindecken sollte. Einen WLAN-Hotspot gibt es hier übrigens auch.

Kirchturm St. Andreas

An der ❷ **Kirche St. Andreas** endet die Hornbacher Straße. Sie hat einen sehr schönen mittelalterlichen Turm aus dem 14. Jahrhundert und im Inneren den ehemaligen Chorraum mit gotischem Maßwerk. Den Schlüssel zur Besichtigung bekommt man bei der Ortsvorsteherin. Unterhalb der Kirche haben Bürger den **Pirminiusgarten** angelegt, in dem auch ein winziger Weinberg nicht fehlt. Rechts gegenüber der Kirche befindet sich die ❸ **Pizzeria da Enzo,** die sonntags auch mittags, sonst nur abends geöffnet hat. Auch sie ist das einzige Restaurant auf dieser Radtour.

Wir halten uns auf dem mit Bäumen bestandenen Platz vor der Kirche links und radeln die **Brenschelbacher Straße** links hinunter. Unten überqueren wir den Bach Bickenalb, radeln an einer ehemaligen Mühle vorbei und biegen dann rechts ab in den **Riesweilerweg,**

Kilometer: 27

Höhenmeter: 140

Stunden: 3

RUNDTOUR

Im Bickenalbtal

der kurz danach in einen asphaltierten Feldweg übergeht. Hier gleiten wir durch eine traumhaft schöne Landschaft mit Wiesen, alten Obstbäumen und Hecken, den Bachlauf unten im Tal begleiten knorrige Weiden. Vor uns breitet sich ein einmaliges Panorama aus.

Nach langer Fahrt durch die Natur erreichen wir ein kleines verschlafenes Dorf namens **Peppenkum.** Wir folgen dem Europäischen Mühlenradweg, indem wir erst rechts abbiegen, an der nächsten Vorfahrtstraße scharf links und gleich wieder links in die **Güderkircher Straße.** Hinter dem Ort verläuft sie weiter als L 101 ohne Mittelstreifen mit entsprechend wenig Verkehr, daneben fließt uns gemütlich die Bickenalb mit vielen Windungen entgegen. Wir überqueren die ❹ **Grenze** nach Frankreich ins Département Moselle, was man nur am anderen Fahrbahnbelag und am nun vorhandenen Mittelstreifen erkennt. Die Straßennummer lautet nun **D 84.**

Der erste Ort in Grand Est, wie die Region seit 2016 heißt, die aus Elsass (Alsace), Lothringen (Lorraine) und Champagne-Ardenne entstanden ist, heißt **Guider-**

Panoramatour um die Bickenalb

kirch. An der ersten Gabelung verlassen wir den Europäischen Mühlenradweg und fahren geradeaus auf der **D 84 B** (ab hier folgen wir der Bickenalb-Runde) durch das Straßendorf **Erching,** dem jeglicher Charme fehlt, den man von einem französischen Dorf erwartet. Die zum Ortsende hin schmaler werdende Straße zieht sich nun steil den Berghang hinauf. Es geht noch ein gutes Stück bergauf auf vorwiegend geschottertem Feldweg vorbei an Feldern, Wiesen und Streuobstwiesen. Schließlich oben auf der Anhöhe angekommen, entdecken wir einen kleinen schattigen ❺ **Rastplatz** bei einem Gedenkstein, der an Gefallene 1939 erinnert, mit wunderbarer Aussicht Richtung Südosten.

Wenige Hundert Meter weiter taucht der Weg in Wald ein, wo wir wieder die unsichtbare ❻ **Grenze** ins Saarland überqueren. An der ersten beschilderten Kreuzung im Wald fahren wir nicht geradeaus weiter auf der Bickenalb-Runde, sondern biegen hier links ab Richtung **Gersheim** und **Walsheim.** Es geht hier leicht

Für die Seele
Grandiose Ausblicke auf malerische Landschaft und ländliche Idylle, Stille und Abgeschiedenheit.

Medelsheim

WEITBLICKE 7

bergab geradeaus durch einen märchenhaften Wald mit dichtem Unterholz. 700 Meter später treffen wir auf die L 102, die wir überqueren und hier nun die nächsten gut 6 Kilometer auf dem **Velo-visavis-Rundweg** unterwegs sind.

Unser Weg führt uns weiter durch den stillen Wald mit uralten knorrigen Eichen. Schließlich treffen wir auf eine Kreuzung, an der wir auf dem Velo-visavis-Rundweg rechts Richtung **Medelsheim** abbiegen und den Wald verlassen. An der nächsten Abzweigung, die von einem steinernen Wegkreuz von 1769 geziert wird, fahren wir wieder links. Bald führt der Weg Richtung Wald und verläuft dort mehrere Kilometer am Waldrand entlang, von wo er eine fantastische Aussicht auf das Tal der Bickenalb unter uns und die

Bickenalbtal

Stephanuskirche Böckweiler

weite Landschaft bietet. Oberhalb von Seyweiler überqueren wir die L 201 und fahren bald danach weiter am Waldrand entlang.

Unser Weg stößt nach langer Fahrt schließlich auf eine T-Kreuzung, an der wir rechts hinunterfahren und über einige Serpentinen das 350-Seelen-Dorf **Böckweiler** erreichen. Unten im Ort, wo wir auf eine Vorfahrtstraße treffen, ist der Dorfmittelpunkt mit der romanischen ❼ **Stephanuskirche** und dem Lindenbrunnen, der von einer Quelle hinter der Kirche gespeist wird. Vor der Kirchentür befindet sich ein römischer Wirtschaftstisch aus dem 3. bis 4. Jahrhundert, den man hier bei Grabungen gefunden hat. In der Kirche finden wir ein Kuriosum: einen Kachelofen.

Wir biegen von der Kirche aus links ab und dann sofort rechts in die **Bickenalbstraße.** Wir fahren 2 Kilometer durch perfekte ländliche Idylle, bis wir auf die **L 101** stoßen. Hier biegen wir links ab und radeln auf der kleinen Landstraße hinunter zum kleinen Weiler ❽ **Bickenaschbacher Mühle,** der auf der Landesgrenze zu

WEITBLICKE 7

Rheinland-Pfalz liegt, weshalb die Straßenbezeichnung zu **L 465** wechselt. An der nächsten Abzweigung fahren wir rechts, überqueren die Bickenalb und sehen einen weitgehend verfallenen alten Gutshof vor uns. In der folgenden Linkskurve verlassen wir die Straße nach rechts auf den Europäischen Mühlenradweg Richtung **Altheim.**

Der asphaltierte Feldweg steigt nun auf wenigen Hundert Metern steil an und bietet uns dadurch eine fantastische Aussicht über das Bickenalbtal auf die angrenzenden Hügel mit Wiesen und Felder mit Hecken, alten Bäumen und Streuobstwiesen, wahrlich ein Idealbild schöner Landschaft. Hinter dem nächsten Feld treffen wir wieder auf die Landesgrenze, was man lediglich an den in beiden Bundesländern etwas unterschiedlich gestalteten Radwegwei-

Bickenalbtal mit Bickenaschbacher Mühle

Panoramatour um die Bickenalb

sern erkennen kann. Der Weg verläuft weiter auf halber Höhe am Talhang und bietet nach jeder Kurve einen neuen Blick auf die Landschaft ohne laute Straßen und ohne Industrie- und Gewerbegebiete. Wir genießen die Abgeschiedenheit und schlichte Schönheit, wie man sie nur selten in Perfektion antrifft.

Der Weg führt schließlich hinunter nach Altheim, wo er kurz zuvor den **Wallenbach** überquert. Am Wegesrand steht hier ein interessantes altes Wegkreuz von 1766. 200 Meter weiter treffen wir gegenüber dem Sportplatz auf eine Vorfahrtstraße, an der sich rechts von uns der Parkplatz befindet, von dem wir die Rundtour gestartet haben.

Wegkreuz von 1766

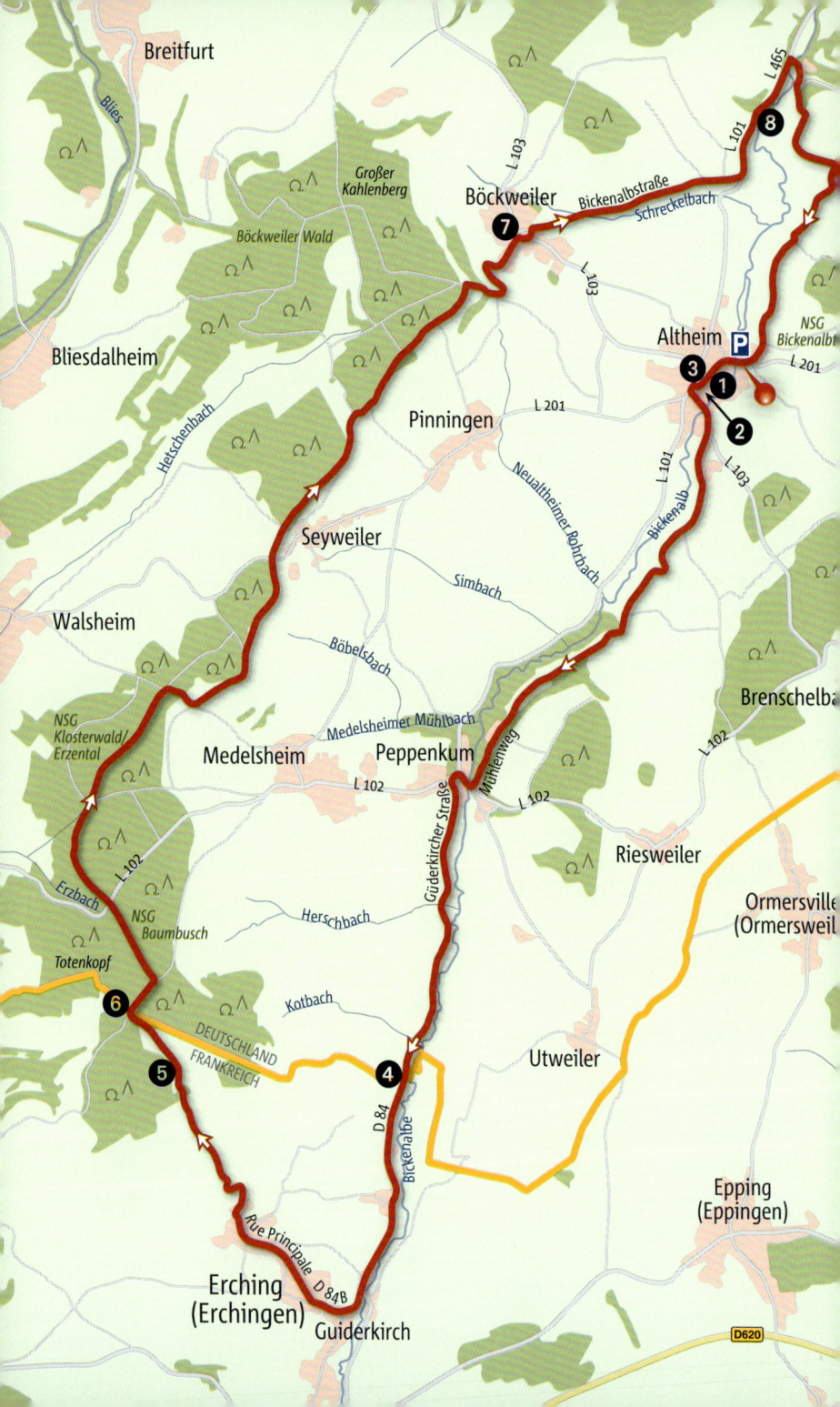

ALLES AUF EINEN BLICK

Entspannung 🪖🪖🪖🪖
Abenteuer 🪖🪖
Vielfalt 🪖🪖🪖

WIE & WANN
Asphaltierte und geschotterte Feld- und Forstwege, eine starke und einige mäßige Steigungen. Unterwegs keine Einkehrmöglichkeiten. Ganzjährig befahrbar, am schönsten Frühling bis Herbst.

HIN & WEG
Auto: Parkplatz am Sportplatz (kostenlos), Hornbacher Straße 23, 66440 Altheim
ÖPNV: Kein Anschluss

ESSEN & ENTSPANNEN
① **Bickenalb-Center,** Hornbacher Straße 9, 66440 Altheim, Tel. (0 68 44) 17 47 66, www.baeckerei-lenert.de
③ **Pizzeria da Enzo,** Mittelbacher Straße 3, 66440 Altheim, Tel. (0 68 44) 99 11 76, www.pizzeriadaenzo-altheim.de

ENTDECKEN & ERLEBEN
② **Kirche St. Andreas,** Brenschelbacher Straße 1, 66440 Blieskastel
④ **Grenze Deutschland – Frankreich**
⑤ **Rastplatz**
⑥ **Grenze Frankreich – Deutschland**
⑦ **Stephanuskirche,** Fritz-Schunck-Straße 23, 66440 Blieskastel
⑧ **Bickenaschbacher Mühle**

Stein auf dem keltischen Grabhügel

WEITBLICKE 8

Größe und Magie
Große Runde durch den Bliesgau

Da am Bahnhof Blieskastel-Lautzkirchen kaum Parkplätze vorhanden sind, starten wir die Rundtour von einem der zahlreichen Pkw-Parkplätze entlang der **Florianstraße,** die am östlichen Rand des Zentrums von **Blieskastel** verläuft. Parallel zur Straße verläuft der Bahnradweg, auf dem wir Richtung Norden starten, also so, dass die Straße links von uns liegt. Wir radeln etwa 1 Kilometer bis zum Ende der ausgebauten Bahntrasse an einem Rastplatz, wo sich die Radwege gabeln. Wir fahren links Richtung Limbach und Kirkel und erreichen wenig später die **Bahnhaltestelle Blieskastel-Lautzkirchen** ohne Bahnhofsgebäude.

Hier fahren wir an der **Florianstraße** rechts und erreichen wenige Meter weiter die **Bliesgaustraße,** auf der wir nach rechts einen beschrankten Bahnübergang überqueren. Hier müssen wir leider ohne Radweg durch den wenig attraktiven Ortskern fahren. An der Abzweigung Richtung **St. Ingbert** biegen wir links ab. Nach 200 Metern verlassen wir die Straße nach schräg links und fahren bis zu einem weiteren beschrankten Bahnübergang, hinter dem wir rechts abbiegen. Ein schlecht ausgebauter Weg führt einen Hang hinauf, geht aber nach rund 100 Metern in die Straße **Am Ohligsteg** über, an der einige Wohnhäuser stehen. Wir stoßen schließlich auf eine Vorfahrtstraße, der wir auf einem separaten Radweg nach links folgen. Wir radeln durch ein schönes bewaldetes Tal und erreichen das Ortschild von **Alschbach.** Das Dorf zieht sich entlang der Straße durch das enge Tal. Wir dürfen nach etwa 600 Metern an

Kilometer: 38
Höhenmeter: 180
Stunden: 5
RUNDTOUR

Langes Tal

*Auf der gesamten Rundtour fahren wir auf dem **Bliesgau-Radweg** und folgen, soweit vorhanden, der Beschilderung außer in Blieskastel, wo wir die offiziellen Radrouten verlassen.*

einer kleinen Kreuzung nicht übersehen, rechts in die **Friedhofstraße** abzubiegen.

Wir folgen dem Verlauf der Straße geradeaus, die am Ortsende in einen asphaltierten Feldweg übergeht. Entspannt radeln wir durch grüne Natur durch das **Lange Tal,** das im Gegensatz zum kurzen Seitental tatsächlich so heißt. Greifvögel kreisen über den bewaldeten Hängen und den Wiesen im Tal auf der Suche nach Beute. Wir genießen es, von reiner Natur umgeben zu sein ohne Zivilisationsgeräusche (und natürlich auch ohne Netz), stattdessen lauschen wir den Vögeln und den Grillen, die in unseren Breiten nicht mehr so präsent sind. Zum Ende des Tals hin wird zwar der Anstieg steiler, der Weg dafür jedoch noch idyllischer und geradezu dramatisch schön. Er führt durch Streuobstwiesen und Hohlwege, an denen sich knorrige Eichen festklammern und Felsen aus dem Waldboden ragen.

So erreichen wir schließlich eine lichte Anhöhe, auf der wir schon den Kirchturm von **Biesingen** aufragen sehen. Wir radeln der Beschilderung folgend durch das Dorf und rechts an der neugotischen Kirche vorbei. Danach kommen wir an einer Bäckerei und Kondito-

Große Runde durch den Bliesgau

rei, der einzigen Einkaufsmöglichkeit im Dorf, vorbei und erreichen schließlich die **B 423.** Wir fahren in die Sackgasse gegenüber und entlang einigen Wohnhäusern noch etwas weiter bergauf auf einen Höhenrücken. Am Ortsende treffen wir auf das ❶ **Bellevue,** ein Restaurant mit Café und Biergarten, das seinen Namen zu Recht trägt. Von hier oben hat man nämlich eine wunderbare Aussicht in fast alle Richtungen. Hier auf dem **Hölschberg** wurde ein **optischer Telegraf** am vermutlich historischen Standort rekonstruiert, wie man ihn in den Zeiten der Französischen Revolution entwickelt und verwendet hat. Die Details kann man auf einer Infotafel nachlesen.

Ein kleines Stück weiter kommen wir am ❷ **Jägerpfuhl** vorbei, ein magischer Ort, der mit zwei Geschichten verknüpft ist. Am Rande einer Wiese sehen wir zunächst nur ein hohes Wegekreuz und eine Marienskulptur, die 1921 von einem Lothringer Bergmann aus Dankbarkeit aufgestellt wurden, da er einen schweren Unfall

Für die Seele
Einsame Wälder, malerische Flussauen, magische Spuren von Kelten und Römern, verzauberndes Barock.

Landschaft beim Jägerpfuhl

überlebt hatte. Nun entdecken wir den etwas versteckt liegenden, mit Lilien und Binsengras fast zugewachsenen kleinen Weiher. Er ist trotz seiner exponierten Lage auf dem Hölschberg fast ganzjährig nass. Einer alten Sage nach stand hier einst das Haus eines bösen Jägers, dessen ausgesprochener Fluch bei einer Hasenjagd, dass sein Haus im Erdboden versinken solle, wenn er den Hasen nicht erlegen würde, in Erfüllung ging. An der Stelle, an der das Haus versank, entstand ein kleiner Weiher. Im Advent sollen die Jagdrufe heute noch zu hören sein.

Wir lassen den Ausblick auf diese einzigartige Naturlandschaft auf uns wirken, bevor unser Weg in Wald eintaucht, der sich weit über einen Höhenrücken des Bliesgaus auf unserem Radweg hinzieht. Wir radeln stets geradeaus durch den prächtigen Laubwald, genießen die kühle frische Luft und die Abgeschiedenheit. Nach etwa 1,5 Kilometern treffen wir an einer Kreuzung auf einen Wegweiser, der nach links zu einem ❸ **keltischen Grabhügel** in 700 Meter Entfernung hinweist. Den Abstecher gönnen wir uns und fahren auf einem Waldweg geradeaus bis zu einem weiteren kleinen Wegweiser, der uns nach rechts zu einer kleinen

Keltischer Grabhügel

Große Runde durch den Bliesgau

Lichtung schickt, auf der wir den restaurierten Grabhügel sehen. Er gehört zu einer Gruppe von Gräbern, von denen wir die anderen erst bei genauem Hinsehen im Wald als leichte Erhebungen entdecken.

Zurück an der Kreuzung folgen wir weiter dem Verlauf des Weges durch den Wald. Wir kreuzen die Landstraße **L 231** und fahren weiter durch den Wald. Der Weg ist hier asphaltiert, da er zu einem Golfplatz führt. Ein Hinweisschild des ❹ **Golfclub Katharinenhof** lädt uns zu einem Abstecher in sein Restaurant und Café ein. Wir radeln weiter durch den Wald, ab hier nun wieder auf geschottertem Forstweg. Nach 800 Metern erreichen wir eine Y-förmige Gabelung ohne Wegweiser. Hier halten wir uns links und radeln weiter 1,5 Kilometer durch den Wald, bis wir kurz daraus auftauchen, um nach wenigen Metern wieder in Wald einzutauchen.

Kirchturm von St. Markus

Nach gut 2 Kilometern endet das Waldgebiet bei einem Reiterhof. Der Weg führt nun lange stets bergab durch die liebliche hügelige Landschaft des südlichen Bliesgaus mit seinen Hecken und Streuobstwiesen nach **Reinheim.** Im Ortskern fällt uns der freistehende runde ❺ **Kirchturm von St. Markus** auf, der bereits rund um das Jahr 1000 als Wehrturm erbaut wurde, während das Kirchenschiff erst im 18. Jahrhundert entstand. Hier verlassen wir die links abknickende Vorfahrtstraße und fahren geradeaus Richtung **Bliesbrücken.** Nach 300 Metern überqueren wir die Blies und biegen unmittelbar hinter der Brücke rechts ab zum ❻ **Europäischen Kulturpark Bliesbruck-Reinheim.** Zwischen Reinheim und Bliesbruck in Frankreich erstreckt sich über die Grenze hinweg der keltisch-römische Archäologiepark. Auf französischer Seite wurde seit den 1970er-Jahren eine

*Das **Biosphärenreservat Bliesgau** ist eine sanft hügelige Landschaft mit Streuobstwiesen, alten Buchenwäldern, artenreichen Orchideenwiesen und einer Auenlandschaft, die von der Blies durchzogen wird. Es bewahrt die traditionelle Kulturlandschaft und die besondere Artenvielfalt.*

WEITBLICKE 8

Das weitläufige Freigelände des **Europäischen Kulturparks** ist das ganze Jahr über frei zugänglich. Mit der kostenlosen App Lauschtour kann man sich vom Audioguide auf 13 Stationen über das Ausgrabungsgelände führen lassen.

römische Kleinstadt mit einer Thermenanlage, Handwerkerviertel und Basilika freigelegt, während man auf deutscher Seite eine römische Villa ausgrub.

An der Zufahrt zum Gelände befinden sich das Informationszentrum mit Touristinformation und das **Museum Maison Jean Schaub** mit einer Ausstellung über den Bliesgau von der Steinzeit bis zur römischen Epoche. Im Ausstellungszentrum inmitten des Geländes kann man Funde der römischen Kleinstadt besichtigen. In einem rekonstruierten Nebengebäude des römischen Gutshofs befindet sich das Restaurant Taverne, das auch römische Gerichte auf der Speisekarte hat. Im Obergeschoss kann man Funde vom Ausgrabungsbereich der Villa sehen. Besonders spektakulär und aus einer Zeit vor den Römern ist das ❼ **Keltische Fürstinnengrab,** das 1954 zufällig gefunden wurde. Der Grabhügel wurde mitsamt der unterirdischen Grabkammer, die heute als beeindruckender Ausstellungsraum begehbar ist, rekonstruiert. Nachbildungen der wertvollen Grabbeigaben sind hier ausgestellt.

Wir verlassen den Kulturpark wieder am Informationszentrum und biegen am Kreis-

Römervilla

Fürstinnengrab

Naturschutzgebiet an der Blies

verkehr rechts ab, dem Radwegweiser Richtung **Gersheim** folgend. Nach 400 Metern erreichen wir an einer Linksabzweigung die Grenze nach Frankreich, die nur indirekt durch die französischen Verkehrsschilder erkennbar ist. Wir biegen links ab und fahren direkt auf dem Grenzverlauf 150 Meter, wo wir auf den **Bliesgau-Radweg** treffen, der hier auf einer ehemaligen Bahntrasse verläuft. Wir biegen links ab Richtung **Blieskastel** und haben hier nun 14 vollkommen entspannte, ebene und verkehrsfreie Kilometer Bahnradweg durch das traumhaft schöne Bliestal vor uns. In **Gersheim** treffen wir auf das schicke ❽ **Restaurant Historischer Bahnhof,** das sich im imposanten dreistöckigen, schön sanierten Gebäude etabliert hat. Der Gastgarten liegt stilecht am Bahnsteig. Am Fahrradparkplatz gibt es eine Ladestation für E-Bikes. Eine weitere Rastmöglichkeit bietet an der nächsten Bahnstation in **Herbitzheim** der nette Biergarten ❾ **Gleis 1,** in dem man leckere Hamburger essen kann.

Weiter geht es entlang dem malerischen Auwald an der Blies, der wir noch lange dabei zuschauen können, wie sie sich naturbelassenen durch das Tal schlängelt. Schließlich erreichen wir bei **Kilometer 13,2** den schö-

Alter Markt mit Napoleonbrunnen in Blieskastel

nen ➓ **Biergarten Sonnenhof,** an dem wir den Bahntrassenradweg nach links verlassen, um einen Bogen durch die Barockstadt **Blieskastel** mit ihren Sehenswürdigkeiten zu machen. Wer auf die Stadtbesichtigung verzichten möchte, fährt einfach weiter auf dem Radweg bis zum Parkplatz oder weiter bis an das Ende der ausgebauten Bahntrasse und dort links, um den Bahnhof zu erreichen.

Wir biegen nach einem REWE rechts ab und fahren am folgenden Kreisverkehr auf der **Von-der-Leyen-Straße** geradeaus bis zum **Paradeplatz** im Zentrum der Altstadt. Donnerstagvormittags findet hier ein Wochenmarkt statt, ansonsten dient er leider als Parkplatz. Die Ostseite ziert das barocke **Rathaus,** ursprünglich als Waisenhaus erbaut. Wenn wir von der Von-der-Leyen-Straße links in die Alte Marktstraße abbiegen, treffen wir auf den **Alten Markt** mit dem ⓫ **Napoleonbrunnen,** das Zentrum der Altstadt. Der Brunnen von 1804 wird auch Schlangenbrunnen genannt, da das Wasser aus dem Maul einer Schlange fließt, die einen Obelisken

Große Runde durch den Bliesgau

umwindet. Hinter dem kleinen Platz versteckt sich mit treffendem Namen das von Efeu umrankte Historische Wirtshaus Im Hinnereck. Wir biegen am Ende der Fußgängerzone rechts ab in die **Schloßbergstraße,** die recht steil bergauf führt. Wir fahren an den prächtigen Hofratshäusern und anderen historischen Häusern vorbei auf die ⓬ **Schlosskirche** zu, die ursprünglich als Franziskaner-Klosterkirche in spätbarocken und teils frühklassizistischen Formen gebaut wurde. Von der Terrasse an der Kirche hat man einen schönen Blick auf den Barockgarten mir der Orangerie, die eigentlich keine ist. Sie ist ursprünglich der Rest eines Renaissanceschlosses aus dem 17. Jahrhundert am Ende des Lustgartens, das während der Französischen Revolution zerstört wurde.

Historisches Gasthaus

Auf Höhe der Schlosskirche biegen wir rechts ab in den **Klosterweg** und folgen seinem Verlauf bis zu einem Parkplatz und dort weiter auf dem nun schmaler werdenden Weg hinunter zur ⓭ **Heilig-Kreuz-Kapelle,** traumhaft gelegen hoch über dem Bliestal. Direkt nebenan liegt der zauberhafte kleine Biergarten der ⓮ **Pilgerrast im Wallfahrtskloster,** von dem aus man nun zum Schluss der Radtour den Ausblick in Ruhe genießen kann.

Wir radeln zunächst denselben Weg zurück, biegen die erste Straße rechts ab, fahren steil hinunter bis an eine T-Kreuzung, dort rechts und weiter bergab bis zu einer erneuten T-Kreuzung. Hier biegen wir rechts und sofort wieder links ab, wo wir gleich auf die **Florianstraße** treffen. Nach rechts erreichen wir den Parkplatz oder geradeaus nach 30 Metern den **Bliesgau-Radweg,** um über ihn zum Bahnhof Blieskastel-Lautzkirchen zu gelangen.

Schlosskirche

ALLES AUF EINEN BLICK

Entspannung 🪖🪖🪖🪖
Abenteuer 🪖🪖
Vielfalt 🪖🪖🪖🪖

WIE & WANN
Großenteils ebener Radweg, Mix aus kaum befahrenen Straßen, Forstwegen und asphaltierten Feldwegen, eine lange Steigungsstrecke. Ganzjährig befahrbar, am schönsten Frühling bis Herbst.

HIN & WEG
Auto: Parkplätze entlang der Florianstraße (kostenlos), 66440 Blieskastel
ÖPNV: Bahnhof Blieskastel-Lautzkirchen

ESSEN & ENTSPANNEN
① **Bellevue,** Am Hölschberg 50, 66440 Biesingen, Tel. (0 68 03) 25 63, www.bellevue-biesingen.de
④ **Golfclub Katharinenhof,** Katharinenhof 1, 66453 Gersheim, Tel. (0 68 43) 87 97, www.golfclub-katharinenhof.de
⑧ **Restaurant Historischer Bahnhof,** Bahnhofstraße 3, 66453 Gersheim, Tel. (0 68 43) 90 20 55, www.historischer-bahnhof-gersheim.com
⑨ **Gleis 1,** Gleisweg 1, 66453 Herbitzheim, Tel. (01 76) 20 20 76 74, www.gleis1-herbitzheim.de
⑩ **Biergarten Sonnenhof,** In den Lohgärten 22, 66440 Blieskastel, Tel. (0 68 42) 94 66 76, www.sonnenhof-blieskastel.de
⑭ **Pilgerrast im Wallfahrtskloster,** Klosterweg 35, 66440 Blieskastel, Tel. (0 68 42) 9 46 50 60, www.pilgerrast.de

ENTDECKEN & ERLEBEN
② Jägerpfuhl ③ Keltischer Grabhügel
⑤ Kirchturm von St. Markus
⑥ **Europäischer Kulturpark Bliesbruck-Reinheim,** Robert-Schuman-Straße 2, 66453 Gersheim, Tel. (0 68 43) 90 02 11, www.europaeischer-kulturpark.de
⑦ Keltisches Fürstinnengrab ⑪ Napoleonbrunnen
⑫ Schlosskirche ⑬ Heilig-Kreuz-Kapelle

Abtei Tholey

WEITBLICKE 9

Natur und Kultur
Runde von St. Wendel und Tholey

Die ersten 12 Kilometer der Rundtour werden wir ganz entspannt und fast ohne Steigung auf dem Wendelinus-Radweg bis Tholey fahren, einer ehemaligen Bahntrasse, die beim Bahnhof St. Wendel beginnt. Wenn man den **Bahnhof St. Wendel** durch die Unterführung bei Gleis 5 verlässt, sieht man schon einen Radwegweiser Richtung Tholey, dem man nach rechts folgt, also in nördlicher Richtung parallel zur Gleisanlage. Zuerst führt der Weg geradeaus über einen Parkplatz, an dessen Ende der Radweg auf der alten Bahntrasse startet.

Gasthaus Felsenmühle

Schon nach 200 Metern überqueren wir eine Brücke, von der aus wir links unten das einladende ❶ **Gasthaus Felsenmühle** mit Biergarten und durchgehend warmer Küche sehen, das man über einen kleinen Zugang vom Radweg aus erreichen kann. Der perfekt geteerte Radweg, der auch gut für Inliner geeignet ist, ist von vielen Bäumen umgeben, die ihn teils tunnelartig umschließen. Typisch für Bahntrassen ist der Verlauf durch künstliche Taleinschnitte und über aufgeschüttete Dämme, um Steigungen im Gelände zu vermeiden, was uns Radlern immer noch zugutekommt.

In **Bliesen** kommen wir am ❷ **Biergarten Radsteig 1** vorbei, der auf dem ehemaligen Bahnsteig willkommene Erfrischungen anbietet. Links des Weges sehen wir ab und zu

Kilometer: 32
Höhenmeter: 105
Stunden: 3
RUNDTOUR

Bahntrassenradweg

Der **Wendelinus-Radweg** verläuft seit 2002 auf der Trasse der ehemaligen einspurigen Bahnlinie, die von St. Wendel nach Tholey führte. Sie wurde 1915 eröffnet und in den 1980er-Jahren stillgelegt. Der Tunnel kurz vor dem Bahnhof Tholey ist geschlossen.

die wehrhaft wirkende neoromanische katholische Pfarrkirche St. Remigius durch die Äste schauen. Im Ortsbereich von **Oberthal** werden die Schatten spendenden Bäume am Wegesrand deutlich weniger. Danach taucht der Weg wieder in Wald ein. Kurz vor Tholey müssen wir bei einer Schutzhütte den künstlichen Taleinschnitt verlassen, da der Tunnel zum dahinter liegenden Bahnhof zugemauert wurde und seitdem nur noch als Heimat von Fledermäusen dient.

Der Weg steigt nun kurz stark an, und wir kommen direkt an den wenigen sichtbaren Resten eines ❸ **Römerhauses** vorbei. Eine Infotafel klärt uns darüber auf, dass es sich eher um ein großes Anwesen gehandelt haben muss, das noch unter Erdreich verborgen liegt, wahrscheinlich eine Villa Rustica. Ein kleines Stück weiter erreichen wir ein kleines Sträßchen, auf das wir rechts Richtung Tholey abbiegen werden, aber vorher machen wir noch einen kurzen Abstecher nach links zum ❹ **Grabungsgelände Vicus Wareswald.** An der Grabungsstelle eines Tempels wurden die ursprünglichen Umrisse mit einigen Stahlelementen visualisiert, um seine Größe erahnen zu können.

Runde von St. Wendel und Tholey

Nach dem Abstecher in die Antike radeln wir nun immer geradeaus nach **Tholey.** Links unten im Tal erkennen wir ein schönes altes Gebäude, den ehemaligen Bahnhof, an dem die Bahnlinie seinerzeit endete. Der Tunnel wurde wohl nur deshalb für das kurze Stück gegraben, weil ursprünglich eine Verlängerung der Strecke geplant war. Unten im Ort stoßen wir auf die **Theleyer Straße** und fahren links zu einem **Kreisverkehr.** An diesem fahren wir rechts in die recht stark befahrene **Trierer Straße (B 269),** der wir 400 Meter folgen, bis die Klosterkirche der ❺ **Abtei Tholey** in unser Blickfeld kommt. Hier biegen wir beim Rathaus (an dem sich eine E-Bike-Ladestation befindet) ab und radeln bis zur Kirche. Direkt links von ihr erreicht man durch ein schmiedeeisernes Tor den barock angelegten **Klostergarten** (10–17 Uhr geöffnet). Wir sollten uns Zeit nehmen, durch den stillen Garten zu wandeln mit seinen Rabatten aus Buchsbaum, Lavendel und Rosen in strenger Symmetrie. Das Teehaus stammt aus dem Jahr 1715. Auch die wunderbar sanierte **Kirche** mit ihren klaren gotischen Formen im Inneren muss man auf sich wirken lassen. Das heutige Gebäude stammt aus dem 13. Jahrhundert, die Orgel aus dem Barock, und die Fenster im Chor sind von Gerhard Richter.

Wir radeln zurück bis zum **Rathaus,** halten uns dahinter rechts und fahren vor bis zur **Sporstraße,** auf die wir rechts abbiegen. An einer T-Kreuzung fahren wir rechts und biegen dann nach 200 Metern links ab in den **Marpinger Weg.** Dieser führt bald weiter als asphaltiertes Sträßchen für landwirtschaftlichen Verkehr durch eine zau-

Für die Seele
Stille ebene Wege, Spuren der Antike, Ausblicke auf ländliche Idylle, gotische und barocke Schönheit.

*Die **Abtei Tholey** ist das älteste Kloster auf deutschem Boden. Es wurde schon Ende des 6. Jh. gegründet. Seit spätestens dem 10. Jh. gehörte es zum Benediktinerorden. Durch Napoleon wurde er aufgelöst, 1949 kam es zur Neugründung durch Benediktiner.*

Grabungsgelände Vicus Wareswald

WEITBLICKE 9

berhafte Landschaft mit vielen Feldern, kleinen Wäldchen und Streuobstwiesen. Der Blick von der Höhe ist traumhaft. Wir genießen die Stille und lauschen dem Zirpen der Grillen. Schließlich führt die Straße recht steil hinunter nach **Marpingen.**

Wir fahren stets geradeaus den Tholeyer Berg hinunter in den Ort und ahnen schon, dass wir die lange Talfahrt bald mit einer entsprechenden Bergfahrt werden büßen müssen. Damit geht es nach Überquerung des Als-Bachs auch schon los. Wir fahren stets geradeaus weiter, überqueren die vorfahrtberechtigte Alsweilerstraße in die **Altgasse.** Die geht an der nächsten Gabelung in die Ringelgasse über, der hinauf wir bis ans Ortsende folgen. Dort führt rechts ein kurzes Sträßchen zu einem Parkplatz, von dem aus man die ❻ **Marienverehrungsstätte Härtelwald** besuchen kann.

Zwischen Tholey und Marpingen

WEITBLICKE 9

Blick auf Marpingen

Friedenskreuz

Weiter geht es auf der lange hartnäckig ansteigenden Landstraße zwischen Obstbäumen, Wiesen und Wäldern. Endlich erreichen wir eine Anhöhe, von der aus es nun eben weiter geht. Links des Wegs entdecken wir ein künstlerisch gestaltetes **Friedenskreuz** von 1995, das an den 50. Jahrestag des Kriegsendes erinnert und als modernes Feld- und Wegekreuz errichtet wurde. Auf einer Bank mit einer Friedenstaube kann man sich niederlassen und den Blick über die Natur schweifen lassen.

An der gleich folgenden T-Kreuzung biegen wir rechts ab Richtung **St. Wendel.** Nach etwa 2 Kilometern Fahrt entlang einem Wald erreichen wir den Weiler **Habenichts** mit dem ❼ **Restaurant Römerkastell,** das außer Sonn- und Montag um 16 Uhr öffnet. Im Ort halten wir uns an einer Gabelung links Richtung St. Wendel, wo das Sträßchen nun wieder bergab führt durch einen kleinen Wald und weiter durch ein traumhaft schönes und stilles Tal nach **Remmesweiler.** Kurz vor dem Ort dürfen wir den kleinen Wegweiser nach links nicht übersehen. An zwei Bänken unter einer Eiche müssen wir dann wieder rechts abbiegen.

In **Remmesweiler** stoßen wir auf die recht stark befahrene Straße **L 130,** auf die wir rechts abbiegen und uns dabei erlauben, auf dem Gehweg zu fahren. Nach gut 100 Metern biegen wir schräg links ab Richtung St. Wendel. Auch dieses Sträßchen führt wieder in ein pittoreskes Tal, das schließlich in das **Bliestal** mündet, in dem die Geräuschkulisse der **B 41** unangenehm auffällt. Wir erreichen entlang der Bundes-

Runde von St. Wendel und Tholey

straße **Oberlinxweiler,** wo wir der Beschilderung nach **St. Wendel Bahnhof** folgen. Die Schilder leiten uns über mehrere Abzweigungen und Wege durch den Ort, bis wir auf der recht stark befahrenen Jakob-Stoll-Straße weiterfahren müssen. Wir passieren das Ortsschild von **St. Wendel** und fahren am nächsten und übernächsten Kreisverkehr geradeaus, bis wir dann rechts abbiegen können zu einem Aldi. Von hier aus fahren wir weiter an einigen Parkplätzen und Geschäften vorbei, bis wir rechts den Bahnhof entdecken, wo wir die Tour gestartet haben.

Durch den Fußgängertunnel unter dem Bahnhof erreicht man schnell die hübsche **Altstadt,** der man noch einen Besuch abstatten sollte. Hier warten außer netten Einkehrmöglichkeiten am Schlossplatz die sehenswerte Schlossstraße und vor allem als Hauptsehenswürdigkeit die **Basilika St. Wendelin.** Sie wird auch Wendelsdom genannt und ist eine gotische Hallenkirche aus dem 14. Jahrhundert mit dem Grabmal des heiligen Wendelin.

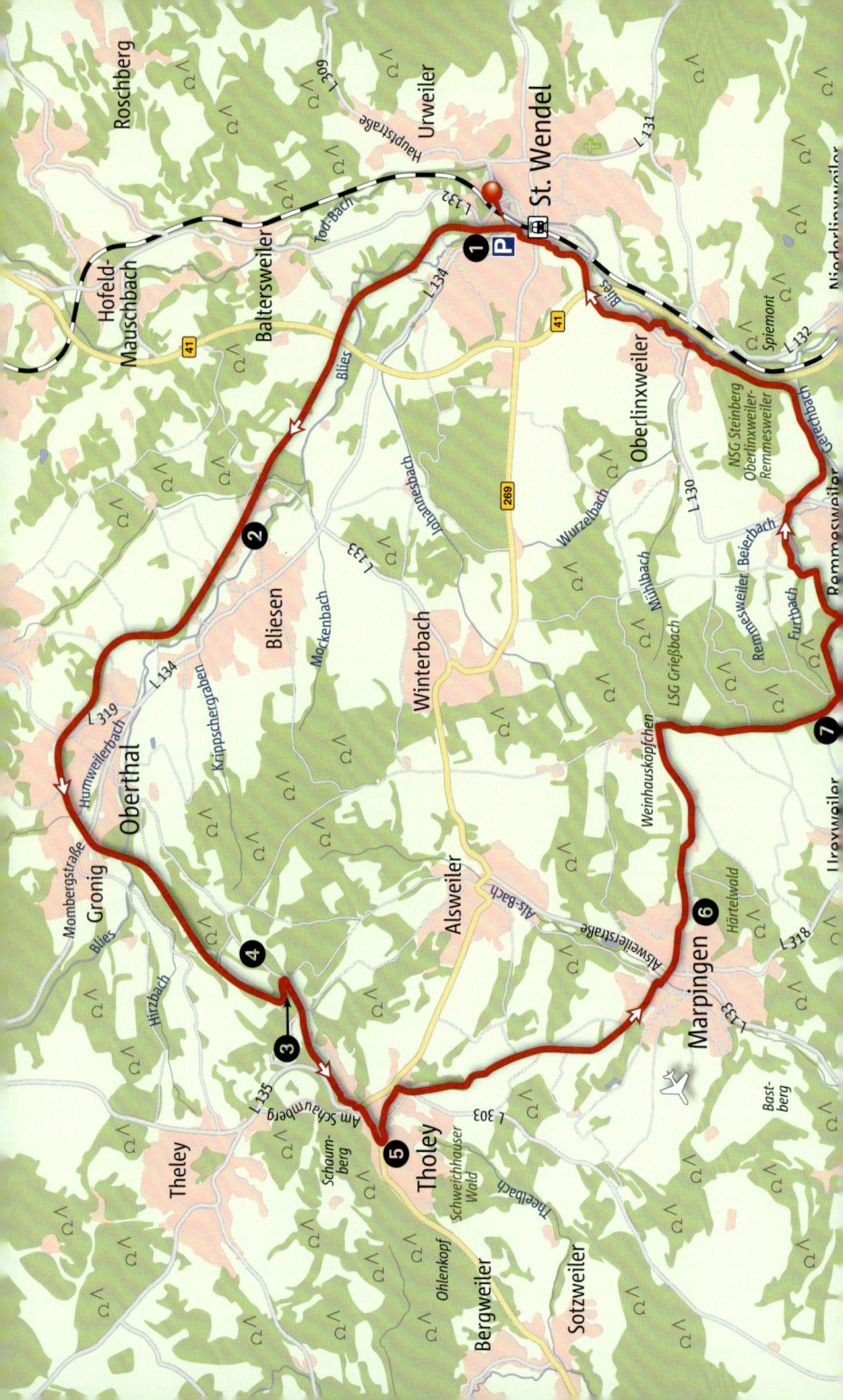

ALLES AUF EINEN BLICK

Entspannung 🪖🪖
Abenteuer 🪖🪖🪖
Vielfalt 🪖🪖🪖🪖

WIE & WANN
Größtenteils kaum befahrene Straßen, Radwege und asphaltierte Feldwege, ein langer moderater und ein starker Anstieg. Ganzjährig gut befahrbar, am schönsten Frühling bis Herbst.

HIN & WEG
Auto: Parkplatz am Startpunkt Wendelinus-Radweg (gebührenpflichtig), Zufahrt über Tholeyer Straße 3 c, 66606 St. Wendel
ÖPNV: Bahnhof St. Wendel

ESSEN & ENTSPANNEN
1. **Gasthaus Felsenmühle,** Kelsweilerstraße 54, 66606 St. Wendel, Tel. (0 68 51) 65 10, www.felsenmuehle.net
2. **Biergarten Radsteig 1,** Am Bahnhof, 66606 Bliesen
7. **Restaurant Römerkastell,** Habenichts 1, 66646 Marpingen, Tel. (0 68 27) 6 55, www.roemerkastell-urexweiler.de

ENTDECKEN & ERLEBEN
3. Römerhaus
4. Grabungsgelände Vicus Wareswald
5. **Abtei Tholey,** Im Kloster 11, 66636 Tholey, www.abtei-tholey.de
6. Marienverehrungsstätte Härtelwald

Archäologiepark Römische Villa Borg

WEITBLICKE 10

Hauch der Antike
Von der Mosel zur Saarschleife

Wir starten unsere heutige ausgedehnte Fahrradtour am **Bahnhof von Perl** im Dreiländereck von Deutschland, Luxemburg und Frankreich. Uns erwarten zahlreiche beeindruckende landschaftliche, touristische und kulturgeschichtliche Highlights. Aber zunächst liegt ein längerer Steigungsabschnitt vor uns, über den wir das Moseltal Richtung Saar verlassen.

Dazu starten wir beim ❶ **Hotelrestaurant Maimühle,** das mittags und abends geöffnet hat, auf der hier von der Bahnhofstraße abzweigende Straße leicht bergauf Richtung Ortszentrum von Perl. Wir überqueren die **B 419** und folgen dem Verlauf des Radwegs, der bald an ausgedehnten Weinbergen entlang führt. Vorbei am Katzenhäuschen, das ein Stück rechts des Wegs in den Feldern steht, erreichen wir eine Wohnsiedlung am Rande von **Perl.**

An einer T-Kreuzung biegt hinter einem Stoppschild unser Radweg nach links ab. Wir können hier aber einen kleinen Abstecher nach rechts in den kleinen alten Ortskern von **Perl** machen, in dem das ❷ **Palais von Nell** mit seinem öffentlich zugänglichen Barockgarten wartet. Dazu biegt man gleich an der nächsten T-Kreuzung links ab auf die **B 407** (auch L 170 genannt) und verlässt sie an der nächsten Linkskurve nach schräg rechts in die **Trierer**

Palais und Park von Nell

Kilometer: **50**
Höhenmeter: **280**
Stunden: **5**
RUNDTOUR

Weinberg bei Perl

Straße Richtung Ortsmitte. Nach 300 Metern trifft man auf das kleine Barockensemble mit dem Palais von 1733, das heute in Privatbesitz ist, und dem geometrisch gestalteten Garten. Anschließend fährt man denselben Weg wieder zurück.

Nach gut 150 Metern zweigen wir schräg rechts ab in die **Marienstraße,** über die wir gleich den hübschen Dorfkern von **Sehndorf** erreichen mit seinem ❸ **historischen Waschhaus** aus dem 19. Jahrhundert und einigen schönen alten Bauern- und Winzerhöfen. Hier können wir bei einer Pause dem Plätschern der Brunnen lauschen und uns vorstellen, wie hier einst in mühseliger Arbeit Wäsche gewaschen wurde. An Wochenenden öffnet direkt gegenüber die zauberhafte Straußwirtschaft im ❹ **Sekthaus Gerd Petgen** ihre Türen für Wein, Sekt und leckere Speisen. Wir folgen der Marienstraße weiter durch den Ort und biegen danach an der ersten Möglichkeit den Radwegweisern folgend rechts ab und radeln bergauf durch Weinberge. 250 Meter hinter den letzten Reben stoßen wir auf eine T-Kreuzung, an der wir links abbiegen und wenig später auf die **B 407** treffen. Auf ihr fahren wir für weniger als 200 Meter

Von der Mosel zur Saarschleife

weiter, um dann schräg links auf eine alte Landstraße Richtung **Borg** abzubiegen.

Die Straße führt etwa 700 Meter bergauf, bis die Autobahn A 8 ihrem Verlauf ein Ende bereitet und wir nach rechts geführt werden. Unser Weg überquert die **B 407** und führt an einer Autobahnausfahrt vorbei. An der nächsten Möglichkeit biegen wir links ab und kreuzen auf einer Brücke die **A 8.** Danach geht es auf einem langen geraden Stück asphaltiertem Feldweg bergab. Vor einer leichten Linkskurve folgen wir der Radweisung nach rechts und an der nächsten Kreuzung links Richtung Borg.

Nach 300 Metern kreuzen wir die **L 170.** Aber Vorsicht, aus unserer Perspektive ist mangels einer Halteline zunächst nicht zu erkennen, dass wir eine Vorfahrtstraße kreuzen. Erst im letzten Augenblick erkennen wir den Überweg, der sogar durch eine Fußgängerampel gesichert ist. Kurz danach treffen wir einen schattigen **Rastplatz,** der sogar mit einem Automaten für Fahrradschläuche ausgestattet ist. Dort biegen wir laut Radwegweiser schräg links ab und erreichen über ein kleines asphaltiertes Sträßchen Borg. Kurz vor dem Ortsende biegen wir an einer alten Kastanie rechts ab in die **Ringstraße.** Ab dem Ortsende fahren wir weiter auf einem geschotterten Weg in ein Waldgebiet. An einer Waldwegkreuzung folgen wir nach links dem kleinen weißen Wegweiser Richtung **Villa Borg.** Nach 250 Metern zeigt ein kleiner hölzerner Römer nach rechts auf einen schmalen romantischen Pfad, über den wir direkt auf das Torhaus und den Eingang des ❺ **Archäologieparks Römische Villa Borg** sto-

Für die Seele
Große Weinlagen, stille Landschaften, prächtige antike Relikte, dramatische Ausblicke, Felsen im Feenwald.

Waschbrunnen

Römische Villa Borg

*Die bei Borg um 1900 entdeckten **Grundmauern** des römischen Gutshofs wurden seit den 1990er-Jahren auf den alten Fundamenten detailgetreu rekonstruiert; besonders eindrucksvoll ist das Villenbad. Im Herrenhaus befindet sich ein Museum.*

ßen. Die Besichtigung der detailgetreu rekonstruierten Anlage sollte man sich keinesfalls entgehen lassen. Sie lässt die antike Welt der Römer in Germanien auf eindrucksvolle Art wiedererstehen. In der Taverne lässt es sich römisch speisen, aber auch zeitgemäß und regional genießen.

Vom Torhaus folgen wir dem asphaltierten Weg über den Parkplatz zur Zufahrtsstraße. Nach einer Linkskurve biegen wir an der nächsten Abzweigung rechts ab nach **Oberleuken.** Dort biegen wir rechts ab in die **Mühlenstraße** und an der nächsten Abzweigung wieder rechts in **Zum Sonnenrödchen,** wo wir nun bis zur Saarschleife der Radwegweisung Mosel-Saar-Rendezvous folgen. Hinter den letzten Häusern führt der asphaltierte Weg an einer Streuobstwiese vorbei und taucht in einen Wald ein. Wir fahren stets geradeaus, bis der idyllische Weg vor einem eingezäunten Militärgelände endet. Hier nehmen wir den geschotterten Weg nach links entlang dem Zaun.

Der Weg endet an einem großen Platz mit einem Windrad, wo sich mehrere Waldwege treffen. Wir fahren hier links, wo sich gleich zwei Wege gabeln. Wir nehmen den rechten der beiden, der links am Wind-

Von der Mosel zur Saarschleife

rad vorbei weiter durch den Wald bergab führt. Wir fahren schließlich an einem großen Reiterhof und einem Teich vorbei, bei dem wir auf die ❻ **Höckerlinie Orscholzriegel** treffen, einen freigelegten Teil des Westwalls, der als Panzersperre diente. Die Linie der Betonhöcker, teils mit Moos und Efeu bewachsen, verläuft hier durch einen dichten Wald mit knorrigen Bäumen. Die Natur hat hier ein militärisches Bauwerk aus dem Zweiten Weltkrieg überwuchert, das Schauplatz blutiger Kämpfe mit Tausenden von Toten war.

Wir radeln knapp 200 Meter weiter und biegen kurz vor der **L 177** scharf nach rechts ab. Wir folgen dem Mosel-Saar-Rendezvous entlang von Feldern und Weiden, bis er schließlich wieder in Wald eintaucht. An einer T-Kreuzung fahren wir links und weiter bis an den Ortsrand von **Orscholz,** wo wir an der ersten querenden Straße links auf den **Brückweg** abbiegen. Gleich danach nehmen wir die erste Straße rechts und folgen im Weiteren der nicht immer leicht erkennbaren Beschilderung im Zickzack durch Orscholz. Wenn wir auf die Hauptdurchgangsstraße, die **Moselstraße,** treffen, fahren wir rechts bis zum Kreisverkehr bei einem REWE und verlassen ihn an der zweiten Ausfahrt Richtung **Cloef-Atrium.**

Höckerlinie Orscholzriegel

Wir kommen an einem großen Parkplatz vorbei, wo der Weg in einen Wald und leicht bergab führt. An der nächsten Abzweigung fahren wir links und treffen dann bald auf den Baumwipfelpfad. Hier halten wir uns rechts und erreichen kurz danach die ❼ **Cloef,** den klassischen und schönsten Aussichtspunkt auf das Wahrzeichen des Saarlands: die **Saarschleife.** Der Ausblick auf die Saar, die tief unter uns eine dramatische Schleife durch die bewaldete Berglandschaft zieht, ist ergreifend.

Saarschleife

Wir fahren das letzte Stück wieder auf demselben Weg zurück. Rechts wartet ein gigantischer Abenteuerspielplatz auf junge Besucher. Der erst 2020 eröffnete große ❽ **Abenteuerwald Saarschleife** lockt mit Spieltürmen, Rutschen, Seilbahnen und Riesentrampolinen. Wir radeln geradeaus weiter und sehen links das **Cloef-Atrium,** ein modernes Tagungs- und Besucherzentrum mit dem täglich geöffneten ❾ **Bistro Mirabell.** Dort befindet sich auch der Eingang zum ❿ **Baumwipfelpfad,** der in luftiger Höhe zum riesigen modernen, 42 Meter hohen Aussichtsturm über der Saarschleife führt.

Wir radeln weiter, bis wir auf die Cloefstraße treffen. Hier ignorieren wir den Radwegweiser, der nach rechts weist, und biegen stattdessen links ab. Gleich links liegt das ⓫ **Restaurant zur Saarschleife.** Am Kreisverkehr fahren wir rechts in die **Moselstraße** und biegen an der nächsten Möglichkeit vor einem Zebrastreifen links ab in eine Wohngegend. An der nächsten Abzweigung nach 250 Metern biegen wir vom Schmiedewäldchen rechts ab und fahren bis zu einer Vorfahrtstraße, die wir leicht nach links versetzt in eine namenlose schmale Straße überqueren. An deren Ende stoßen wir

Von der Mosel zur Saarschleife

auf die **Saarburger Straße,** die wir nach schräg rechts überqueren. Der Straßenname **Zum Leukbachtal** verrät uns schon, dass wir hier richtig sind. An der nächsten Gabelung in einer leichten Rechtskurve müssen wir allerding geradeaus auf einen geschotterten Weg Richtung **Kreuzweg** fahren. An der nächsten Gabelung am Waldrand folgen wir dem holzgeschnitzten Wegweiser zum Leukbach geradeaus, wo ein gut ausgebauter Forstweg zunächst recht steil hinab in einen kühlen Mischwald führt. Wer die Augen offen hält, entdeckt hier riesige Ameisenhaufen am Wegesrand.

Kollesleuker Schweiz

Nach einem knappen Kilometer erreichen wir an einer Gabelung den Talgrund. Wir stoppen hier, um uns zu orientieren, und nehmen das freudige Plätschern des Leukbachs und anderer kleiner Bäche wahr, die von rundum die Hänge herabfließen. Wir biegen hier rechts ab und an der nächsten Gabelung wieder links und fahren andächtig durch den märchenhaften Wald. Knorrige Bäume säumen den Weg, der sich gemeinsam mit dem Leukbach durch die Naturidylle schlängelt.

Der Waldweg stößt auf eine kleine Landstraße ohne Nummer, auf die wir links Richtung Faha abbiegen. Nach gut 100 Metern zweigt unsere Route wieder rechts ab in den Wald, um weiter durch das immer enger und romantischer werdende Leuktal in die ⑫ **Kollesleuker Schweiz** zu führen. Auf einem Forstweg fahren wir links entlang dem Leukbach, hinter dem wir die alte **Obere Stegmühle** durch das Astwerk erkennen. Danach kommen wir an einem Fischteich vorbei, ab dem das Tal noch enger und dramatisch schön wird. An einer Schutzhütte endet der Forstweg, und wir überqueren über eine schmale Brücke den Bach und gleichzeitig die Grenze zur Pfalz.

WEITBLICKE 10

Wer sich auf schmalen Waldwegen zu unsicher fühlt, kann die Route durch die **Kollesleuker Schweiz** umgehen, auf der Landstraße bis Faha fahren und die Tour um 4 km abkürzen. Dadurch verpasst man aber den landschaftlich beeindruckendsten Teil.

Dahinter müssen wir die Räder ein paar Stufen hochschieben. Auf einem Pfad fahren wir weiter bis zu einer Gabelung, an der wir uns links halten. Bei der **Unteren Stegmühle** überqueren wir einen asphaltierten Weg. Bald kommen wir zu einem Rastplatz mit Schutzhütte. Wir setzen uns auf die Felsen über dem unter uns rauschenden Bach und lassen die Kraft der Natur auf uns wirken. Alte knorrige Buchen und moosbewachsene Felsen verleihen dem Ort eine außergewöhnliche Schönheit.

Während links von uns friedlich der Leukbach vor sich hin plätschert, taucht direkt vor uns unerwartet eine riesige rötliche Felswand auf. Kurz danach wiederholt sich das Schauspiel, dem es die Schweiz im Namen zu verdanken hat. Den Abschluss des Naturspektakels bildet ein hoher Sandsteinpilz mit einem steinernen Bildstock aus dem 18. Jahrhundert. Kurz danach überqueren wir über eine alte Steinbogenbrücke den Bach und erreichen an der **Herrenmühle** eine kleine asphaltierte Straße. Hier fahren wir nach links Richtung Landesgrenze.

Wir folgen stets dem schmalen Sträßchen, das bald bergauf führt und uns wunderbare Ausblicke über eine

Leukbachtal

Saarländisches Brennereimuseum

idyllische stille Landschaft mit Wäldern, Wiesen und Obstbäumen bietet. Nach Erklimmen der ersten Anhöhe überqueren wir die unsichtbare Grenze zurück ins Saarland. Schließlich erreichen wir den Rand des Dorfes **Faha** und die vorfahrtberechtigte **Weitener Straße,** auf die wir rechts abbiegen. Wir folgen dem Verlauf der Straße bis zu einer T-Kreuzung, an der wir wieder rechts abbiegen. Am Ortsende von Fafa, das noch einige schöne alte Höfe besitzt, macht die Straße eine scharfe Linkskurve.

Wir gleiten entspannt über eine sanft hügelige Landschaft, bis der Weg wieder ansteigt und wir die **B 407** überqueren. Dazu fahren wir auf ihr 100 Meter nach rechts und nutzen die Linksabbiegerspur, um gleich danach auf einem Feldweg einen U-Turn zu machen. Wir folgen dem Feldweg über eine Anhöhe mit Feldern, die von einigen Windrädern geziert werden. Kurz vor der **B 406** biegen wir auf einen zur Straße parallel verlaufenden Feldweg ab, um nach 160 Metern von hier aus die Bundesstraße zu überqueren, wo wir unter einigen Bäumen ein Denkmal sehen, das an eine blutige Schlacht im Zweiten Weltkrieg hier auf den Höhen erinnert. Wir biegen hier rechts ab auf einen Feldweg Richtung Nennig.

Es geht nun wieder leicht bergab Richtung Mosel, deren Weinberge wir schon in der Ferne erkennen können. Wir erreichen schließlich am Ortsrand von **Tettingen-Butzdorf** eine Vorfahrtstraße, die nach links in die Dorfmitte führt. Nach wenigen Metern biegen wir schräg rechts ab, wo sich auch die Zufahrt zum Hof der Familie Becker mit dem ⑬ **Saarländischen Brennereimuseum** befindet. Dabei handelt es sich weniger um ein Museum im klassischen Sinn als um eine Destillerie im Familienbesitz, die Brände zur Verkostung und zum Kauf anbietet und eine äußerst umfangreiche Sammlung alter Gerätschaften angehäuft hat. In einer rund zwanzigminütigen Führung erfährt man, wie die Frucht in die Flasche kommt.

Wir radeln die **Lindenstraße** hinunter und folgen der Radwegbeschilderung durch den ganzen Ort Richtung **Nennig.** Nach dem Ort genießen wir die Fahrt bergab durch schöne Landschaft mit Wäldern, Feldern und Streuobstwiesen. Wenn wir schließlich auf die vorfahrtberechtigte **Römerstraße** rechts abbiegen, erreichen wir gleich das Örtchen Nennig mit seinem spektakulären und gut versteckten römischen Erbe. An einem Wohnhaus mit der großen Beschriftung ⑭ **Römische Villa Nennig** schließen wir die Räder an, kaufen uns ein Ticket und gelangen zum Gelände mit den Grundmauern der römischen Villa aus dem 3. Jahrhundert. Hinter den neuzeitlichen Mauern inmitten des Geländes befindet sich ein wahrer Schatz, ein kom-

Im 19. Jh. fand ein Bauer in Nennig beim Pflügen seines Feldes bunte Steine, die einen Löwen darstellten. Sie gehörten zu einem 160 qm großen **Mosaikteppich** *der römischen Villa, der zu den bedeutendsten Beispielen römischer Kunst nördlich der Alpen zählt.*

Mosel-Radweg

plett erhaltener, wunderschöner Mosaikfußboden an originaler Stelle, der bei uns ein ehrfürchtiges Erstaunen hervorruft.

Unser Radweg führt auf der wenig befahrenen Straße durch den Ort. Wir folgen der Beschilderung bis zum Bahnhof Nennig-Remich, wo wir auf die **Bübinger Straße** treffen und rechts abbiegen. Am folgenden Kreisverkehr fahren wir links. Nach 300 Metern biegen wir an der Zufahrt zu einem Campingplatz rechts ab, radeln an der Einfahrt vorbei und gelangen zum Moselufer. Hier biegen wir links ab auf den **Mosel-Radweg** Richtung Perl.

Der Weg führt nun immer am Wasser entlang, direkt an der Mosel, an Altarmen und zahlreichen Baggerseen. Nach insgesamt etwa 7,5 Kilometern auf dem Mosel-Radweg unterqueren wir die Autobahnbrücke der A 8, die hier den Fluss nach Luxemburg quert. Nach knapp 400 Metern verlassen wir beim Wegweiser **Perl Bahnhof** den Uferweg und erreichen hier gleich den Ausgangspunkt unserer Tour.

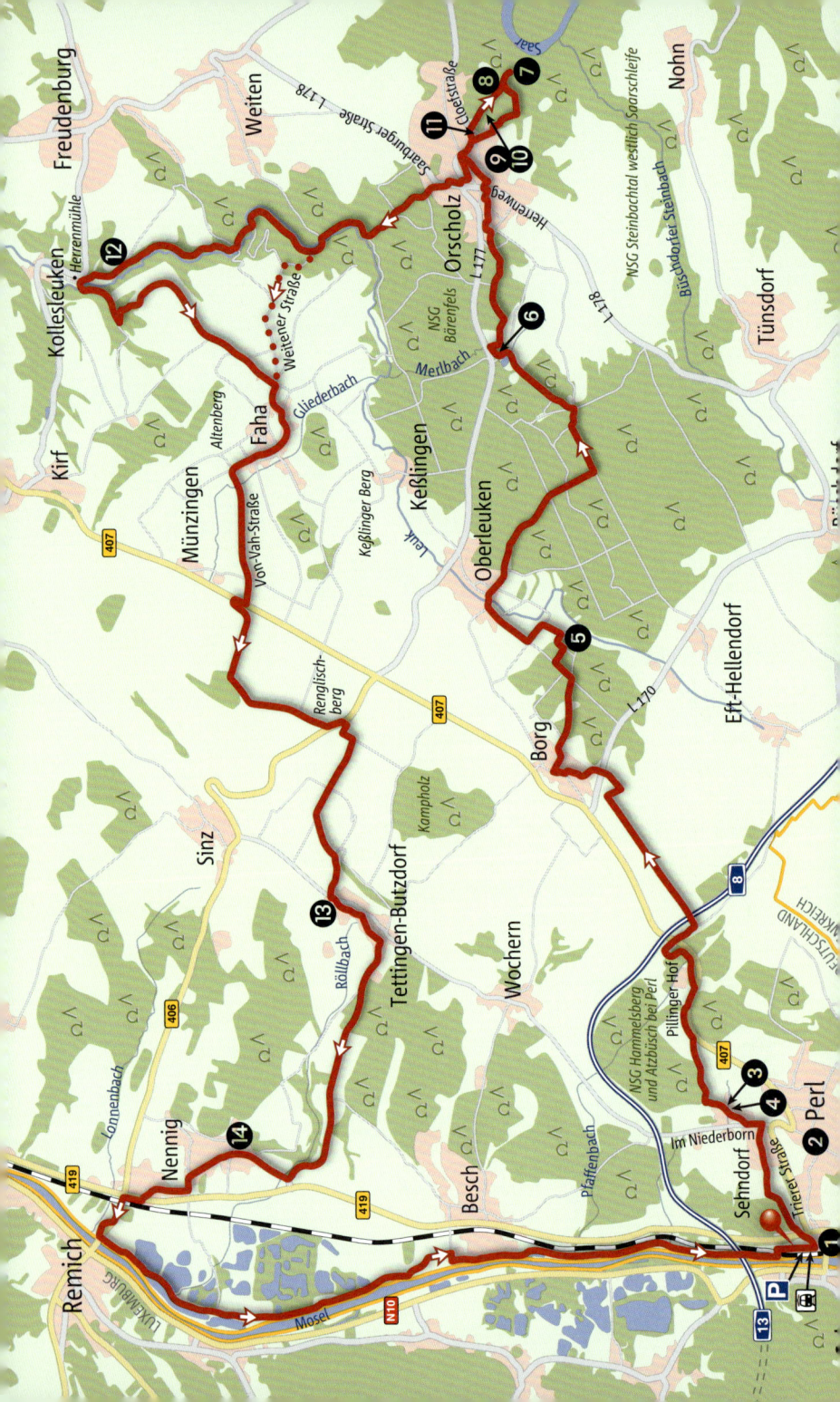

ALLES AUF EINEN BLICK

Entspannung 🪖🪖
Abenteuer 🪖🪖🪖🪖
Vielfalt 🪖🪖🪖🪖

WIE & WANN
Größtenteils asphaltierte Wege, kaum befahrene Straßen, Forstwege. Relativ lange Tour mit zwei längeren Steigungstrecken. In der Kollesleuker Schweiz teils schmale Waldwege. Ganzjährig befahrbar, am schönsten Frühling bis Herbst.

HIN & WEG
Auto: Parkplatz am Bahnhof (kostenlos), 66706 Perl
ÖPNV: Bahnhof Perl

ESSEN & ENTSPANNEN
① **Hotel-Restaurant Maimühle,** Bahnhofstraße 100, 66706 Perl, Tel. (0 68 67) 9 11 31 70, www.maimuehle.de
④ **Sekthaus Gerd Petgen,** Marienstraße 22, 66706 Sehndorf, Tel. (0 68 67) 14 04, www.petgen.de
⑨ **Bistro Mirabell,** Mius-Kiefer-Straße, 66693 Orscholz, Tel. (0 68 65) 9 11 52 50, www.bistro-mirabell.de
⑪ **Restaurant zur Saarschleife,** Cloefstraße 44, 66693 Orscholz, Tel. (0 68 65) 17 90, www.hotel-saarschleife.de

ENTDECKEN & ERLEBEN
② Palais von Nell
③ Historisches Waschhaus
⑤ **Archäologiepark Römische Villa Borg,** Im Meeswald 1, 66706 Borg, Tel. (0 68 65) 9 11 70, www.villa-borg.de
⑥ Höckerlinie Orscholzriegel
⑦ Cloef
⑧ Abenteuerwald Saarschleife
⑩ Baumwipfelpfad, www.treetop-walks.com/saarschleife
⑫ Kollesleuker Schweiz
⑬ Saarländisches Brennereimuseum, www.saarländisches-brennereimuseum.de
⑭ Römische Villa Nennig, www.roemischevillanennig.de

Losheimer See

ERFRISCHUNG 11

Wald und Wasser
Um Mettlach, Merzig und Losheim

Wir starten unsere Rundtour in **Merzig** in der Straße **Am Werthchen,** die neben dem Seffersbach am Rande der Altstadt verläuft. Um vom **Parkplatz Saarwiesenring** dorthin zu gelangen, fahren wir auf der Brücke über die Saar und biegen an der großen Kreuzung unmittelbar vor der Eisenbahnbrücke links ab. Dem Verlauf der Straße folgend, unterqueren wir die Bahnlinie, biegen dahinter links ab und fahren dann nach einem Woolworth-Kaufhaus gegenüber dem Bahnhof Merzig Stadtmitte rechts in **Am Werthchen.**

An der ersten Kreuzung treffen wir auf die **Trierer Straße,** über die man nach links zuerst zum ❶ **Restaurant Ratsstube Blasius** gelangt. Im weiteren Verlauf der Fußgängerzone haben noch andere Lokale einladend Tische und Stühle draußen stehen. Biegt man stattdessen rechts ab, trifft man auf das historische ❷ **Stadthaus.** Das Gebäude wurde Mitte des 17. Jahrhunderts als Schloss des Trierer Kurfürsten und Erzbischofs errichtet und im 18. Jahrhundert nach einem Brand barock umgestaltet. Nach rechts und links erstreckt sich hier die **Poststraße** als Fußgängerzone mit einer Reihe von Einzelhandelsgeschäften.

Wir radeln nun weiter geradeaus entlang dem Seffersbach bis zur vorfahrtberechtigten **Josefstraße.** Biegt man hier rechts ab, erreicht man nach gut 100 Metern ❸ **St. Peter.** Die größte romanische Kirche des Saarlandes, die 1205 als Klosterkirche eingeweiht wurde, ist

Stadthaus Merzig

Kilometer: 46

Höhenmeter: 185

Stunden: 4

RUNDTOUR

ERFRISCHUNG 11

Kirche St. Peter

unbedingt den kurzen Abstecher wert. Zur Forstsetzung unserer Tour biegen wir aber links ab und fahren an der nächsten Kreuzung nach rechts in die **Kreuzbergstraße,** die oberhalb des Sefferbachs verläuft. Am Kreisverkehr vor dem riesigen Fabrikgelände von Villeroy & Boch biegen wir links ab Richtung Losheim. Hinter hohen Bäumen zur Linken liegt das ❹ **Naturbad Heilborn,** ein schön modernisiertes Freibad mit chlorfreiem Badewasser.

Wir fahren am Bad vorbei und folgen dem Verlauf der wenig befahrenen Straße immer geradeaus über das Ortsende von Merzig hinaus bis nach **Brotdorf.** Ab dem Ortsanfang geht es noch weitere 800 Meter geradeaus, bis wir rechts in die **Brühlstraße** abbiegen. Der Radwegweiser ist leicht zu übersehen, die Abzweigung erkennen wir an einem Bungalow mit schwarzem Schieferschottergarten. Gleich treffen wir auf die vorfahrtberechtigte **Hausbacher Straße,** auf der wir geradeaus weiterfahren. Sie führt durch den wenig einladenden Ortskern und dann noch etwa 1 Kilometer geradeaus, bis wir endlich das Ortsende erreicht haben. Dort fahren wir nun links der Straße ein Stück auf einer ehemaligen Bahntrasse weiter bis zum kleinen Vorort **Jungenwäldchen,** wo wir auf der Straße weiterfahren müssen. Wir erreichen schnell das Ortsende und wechseln dort auf einen Radweg links der **L 374.**

Nach knapp 300 Metern biegen wir rechts ab nach **Bachem.** Dort fahren wir an einem Andreaskreuz über eine stillgelegte Bahnlinie und biegen nach etwa 350 Metern links ab in die **Josefstraße.** Hinter dem Ortsende tauchen wir in ein hübsches Tal ein und überqueren noch einmal die stillgelegte Bahnlinie, ab der wir auf einem geschotterten Feldweg durch ländli-

Um Mettlach, Merzig und Losheim

che Idylle weiterfahren. Bald danach führt uns der Weg in ein Waldgebiet. Nach langer Fahrt durch den idyllischen Forst werden wir auf die **Heimlingerstraße** geleitet, auf der wir weiter durch Wald bis nach Losheim fahren.

Kurz vor Erreichen der Hauptdurchgangsstraße biegen wir links ab in die **Parkstraße** und am Ende dieser wieder rechts. Nun treffen wir auf die vorfahrtberechtigte **Merziger Straße,** auf die wir links abbiegen. An der nächsten Abzweigung nach rechts kann man über die **Bahnhofstraße** einen Abstecher zum ❺ **Museumsbahnhof Losheim am See** machen. Dazu biegt man vor dem Andreaskreuz links ab und sieht schon alte Waggons und Loks auf dem frei zugänglichen ehemaligen Betriebsgelände der Merzig-Büschfelder Eisenbahn stehen.

Wir radeln auf der **Merziger Straße** noch ein Stück weiter bis zu einem Kreisverkehr, an dem wir gerade-

Für die Seele
Kühle Wälder, schattige Täler, klare Seen und frisch gebraute Biere genießen.

Museumsbahnhof Losheim am See

Hochländer Brauhaus

aus in eine schmale Gasse (nur Anlieger) fahren und kurz danach auf die **Weiskirchener Straße** treffen, auf die wir rechts abbiegen. Wir folgen dem Verlauf der Straße und der Beschilderung Richtung **Stausee.** Nach dem Ortsende überqueren wir auf einer Brücke die **B 268** und biegen vor dem ❻ **Hochwälder Brauhaus** links ab. Der Biergarten und das Gasthaus mit zwei Kupferkesseln sind der richtige Ort, um den Durst mit einem frisch gebrauten Bier zu löschen. Für ein Mittag- oder Abendessen empfiehlt sich das ❼ **Maison au Lac** mit großer Sonnenterrasse und Blick über den Losheimer See. Man erreicht es, indem man den Weg links vom Brauhaus bis zur nächsten Rechtsabzweigung hinunterfährt. Auf diesem Weg kommt man auch zum Freizeitgelände am Badesee.

Wir radeln weiter über den langen Staudamm, von dem man einen schönen Blick auf den See hat. Hier laden noch Picknickbänke und wenig besuchte Liegewiesen am mit Schilf bewachsenen Seeufer zum Verweilen ein. Am Ende des Staudamms unterqueren wir die

Um Mettlach, Merzig und Losheim

B 268 Richtung **Mettlach.** Am Ortseingang von **Losheim** biegen wir an der zweiten Abzweigung scharf rechts ab in den **Vierherrenwald,** der zunächst durch eine Einfamilienhausgegend und danach in die Natur führt. Bald taucht der Weg in einen schönen Mischwald ein. Er führt leicht bergab in das Tal des Seffersbachs. Wir genießen die kühle und frische Luft während der entspannten Talfahrt, sind hier ganz allein mit der Natur. Der Weg führt uns lange durch Wald, vorbei an Lichtungen und Wiesen entlang dem Bachlauf, bis wir schließlich wieder die Zivilisation erreichen.

Bei einem Baustoffhändler halten wir uns links und treffen bei **Hausbach** auf eine Vorfahrtstraße. Wir biegen links ab und folgen vor der Kirche der Haarnadelkurve nach rechts. Kurz danach verlassen wir die Vorfahrtstraße Richtung **Mettlach.** Der Weg zieht sich noch ein gutes Stück an einer Häuserreihe entlang, bis er endlich in ein großes zusammenhängendes Waldgebiet führt, das sich bis Mettlach erstreckt. Wir tauchen immer tiefer ein in unberührte einsame Natur. Im dichten Mischwald fallen uns einige besonders alte Nadelbäume mit mächtigem Stammumfang auf. Der

*Der 31 Hektar große **Losheimer Stausee** bietet viele Freizeitaktivitäten für Groß und Klein. Dazu gehören Strandbad, Wasserrutsche, Tretboot- und SUP-Verleih, Wasserspielplatz, Minigolf, Liegewiesen, Beachvolleyball, Bouleplatz und der Seegarten.*

Windsurfer am Losheimer See

ERFRISCHUNG 11

Freibad Mettlach

Weg führt etwa 2 Kilometer leicht bergauf und erreicht dann den höchsten Punkt, wo sich mehrere Waldwege treffen. Wir radeln geradeaus weiter, nun entspannt bergab und treffen bald auf die **L 375.** Auf der gut ausgebauten Landstraße setzen wir nach links die flotte Talfahrt fort, bis wir nach 2 Kilometern auf die **L 158** treffen. Wir biegen hier rechts ab und verlassen die Straße schon nach 80 Metern wieder nach links in den Wald hinein, um sofort wieder nach rechts auf einen Forstweg abzubiegen.

Dieser Waldweg bringt uns zum ❽ **Freibad Mettlach,** das mit zwei großen Schwimmbecken, Sprunganlage und einer 60 Meter langen Rutsche viel Badespaß verspricht. Den Eingang erreicht man über die Straße. Wir radeln aber links am Bad vorbei weiter Richtung **Mettlach.** Vor einem Getränkegroßhandel halten wir uns links und fahren einen knappen Kilometer geradeaus bis zur nächsten Kreuzung. Hier biegen wir rechts und danach sofort wieder links ab. Die Britter Straße überqueren wir geradeaus und biegen hinter dem beschrankten Bahnübergang rechts ab in die Bahnhofstraße. Der folgen wir bis zu einem gelben Gebäude, in dem die ❾ **Mettlacher Abtei-Brauerei** Biobier braut, das man im Braugasthof mit Biergarten genießen kann.

Die Brauerei liegt an der Kreuzung mit der **B 51,** auf die wir links abbiegen und auf dem Radweg neben der Fahrbahn bis zur barocken **Alten Abtei** fahren, in der heute Villeroy & Boch residiert. Im Garten rechts des Klostergebäudes steht der sogenannte **Alte Turm,** das älteste Bauwerk des Saarlands. Er wurde 990 als Kirche in Oktogonform gebaut, angelehnt an den Aachener Dom. Gleich nebenan befindet sich der **Living Planet**

*Die **Alte Abtei** in Mettlach wurde im 7. Jh. von Benediktinern gegründet. Die barocken Gebäude wurden im 18. Jh. vom sächsischen Baumeister Christian Kretzschmar entworfen. Seit 1842 sind sie Verwaltungssitz des 1748 gegründeten Konzerns Villeroy & Boch.*

Um Mettlach, Merzig und Losheim

Square mit dem 14 Meter hohen Erdgeist von André Heller und dem größten keramischen Puzzle der Welt, das für die Expo 2000 in Hannover produziert wurde und nach Mettlach zurückkam.

Im Zentrum der nur 12.000 Einwohner zählenden Kleinstadt Mettlach hat sich im Laufe der letzten Jahre statt Leerständen von Ladenlokalen ein lebendiges Shoppingcenter mit mehreren Outletshops verschiedener Marken und einigen Lokalen gebildet. Wir setzen unsere Fahrt am Radweg entlang der Straße fort bis hinauf zur Hängebrücke über die **Saar,** biegen unmittelbar vor ihr links ab, um am linken Flussufer weiter zu radeln. Nach gut 600 Metern passieren wir die **Schleusenanlage** und fahren danach weiter auf dem Uferweg direkt am Wasser entlang. Links und auch rechts am anderen Saarufer ziehen sich urwüchsige Wälder die steilen Hänge hinauf, knorrige Eichen halten auf den felsigen Hängen. Wir haben ganz schnell die lebendige Stadt und die lär-

Alter Turm in Mettlach

Saarschleife

ERFRISCHUNG 11

mende Bundesstraße hinter uns gelassen und sind hier nun von wunderbarer Stille umhüllt, in der das Zwitschern der Vögel und das Rascheln des Windes in den Blättern zur Geltung kommen. Keine Straße, keine Bahnlinie, nichts stört die Idylle.

Langsam kommt in der Ferne hoch oben auf dem gegenüberliegenden Ufer der Aussichtsturm auf der Cloef ins Blickfeld. Er liegt direkt über der ❿ **Saarschleife,** wo der Fluss eine 180-Grad-Kurve macht. Auffallend sind die gelben Felsen an den Hängen, die ihre Farbe der Schwefelflechte zu verdanken haben. Nach der Umrundung der Flussschleife kommen wir an der Anlegestelle der ⓫ **Fähre Welles** vorbei, die in der Saison täglich außer montags Fußgänger und Radler an das andere Ufer bringt.

Wir kommen schließlich zu einer Gabelung, an der wir uns rechts halten, um direkt am Flussufer weiterzufahren. Bald führt der Weg vom Ufer weg und schlängelt sich über einige Serpentinen steil hinauf an uralten knorrigen Bäumen vorbei. Nach kurzer Steigung treffen wir auf einen asphaltierten Weg, dem wir nach rechts weiter durch den schönen Wald folgen.

Aussichtsturm Saarschleife

St. Gangolf

Jachthafen Merzig

Kurz vor den ersten Häusern von **Besseringen** biegen wir rechts ab hinunter zum Flussufer der Saar, dem wir von hier ab etwa 1,5 Kilometer folgen, bis wir unmittelbar hinter einer Brücke nach links abbiegen. Wir machen den Schildern nach Merzig folgend einen U-Turn und überqueren die Saar. Danach fahren wir links zum Flussufer, um auf dem **Leinpfad** bis zum **Jachthafen Merzig** zu radeln. Dieser ist Teil des ⑫ **Sport- und Freizeitzentrums in den Saarwiesen** mit Hochseilgarten, Therme und Trampolinhalle. Den Radwegweisern folgend, gelangen wir zur dritten Brauerei dieser Tour, dem ⑬ **Saarfürst Merziger Brauhaus.** Hier kann man noch mal im schönen Biergarten am Jachthafen einkehren und bei deftigem Essen und naturtrübem Bier die Radtour ausklingen lassen.

Um zum Ausgangspunkt zurückzukehren, folgen wir der Radwegweisung **Merzig Bahnhof,** über die wir schnell zum **Parkplatz Saarwiesenring** gelangen, von wo aus man auch über die Brücke den Bahnhof Merzig Stadtmitte erreicht.

ALLES AUF EINEN BLICK

Entspannung 🪖🪖🪖
Abenteuer 🪖🪖🪖
Vielfalt 🪖🪖🪖🪖

WIE & WANN
Wenig befahrene Straßen, Rad-, Feld- und Waldwege. Im ersten Drittel konstanter leichter Anstieg. Viel schattiger Wald. Ganzjährig befahrbar, am schönsten Frühling bis Herbst.

HIN & WEG
Auto: Parkplatz Saarwiesenring (kostenlos), Saarwiesenring, 66663 Merzig
ÖPNV: Bahnhof Merzig Stadtmitte

ESSEN & ENTSPANNEN
1. **Restaurant Ratsstube Blasius**, Trierer Straße 14, 66663 Merzig, Tel. (0 68 61) 29 27, www.ratsstube-blasius.de
6. **Hochwälder Brauhaus**, Zum Stausee 190, 66679 Losheim am See, Tel. (0 68 72) 50 57 72, www.hochwaelder-brauhaus.de
7. **Maison au Lac**, Zum Stausee 200, 66679 Losheim am See, Tel. (0 68 72) 99 34 34, www.maison-au-lac.de
9. **Mettlacher Abtei-Brauerei**, Bahnhofstraße 32, 66693 Mettlach, Tel. (0 68 64) 9 32 32, www.abtei-brauerei.de
13. **Saarfürst Merziger Brauhaus**, Saarwiesenring 6, 66663 Merzig, Tel. (0 68 61) 79 16 35, www.merzigerbrauhaus.de

ENTDECKEN & ERLEBEN
2. **Stadthaus**, Poststraße 20, 66663 Merzig
3. **St. Peter**, Propsteistraße 1, 66663 Merzig
4. **Naturbad Heilborn**, Am Heilborn 3, 66663 Merzig, Tel. (0 68 61) 77 07 30, www.dasbadmerzig.de/wasserwelt/naturbad-heilborn
5. **Museumsbahnhof Losheim am See**, Bahnhofstraße 10, 66679 Losheim am See, Tel. (0 68 72) 81 58, www.museumsbahn-losheim.de
8. **Freibad Mettlach**, Britter Straße 20, 66693 Mettlach, Tel. (0 68 64) 78 55, www.mettlach.de/freizeit/freibad-mettlach
10. Saarschleife
11. Fähre Welles
12. Sport- und Freizeitzentrum in den Saarwiesen

ERFRISCHUNG 12

Wälder und Auen
Unterwegs im Saargau

Wir starten unsere Rundtour in Dillingen am Bahnhof. Vom Parkplatz an der Römerbrücke erreichen wir ihn, indem wir von der Zufahrt aus die Pachtener Straße nach rechts fahren, bis wir nach 400 Metern das Bahnhofsgebäude erreichen. Dort überqueren wir die Straße über den Zebrastreifen, kommen an einer E-Bike-Ladestation vorbei und biegen vor dem Rathaus rechts ab. An der folgenden T-Kreuzung biegen wir links ab in die Schubertstraße und an der nächsten gleich wieder rechts auf die Hauptverkehrsstraße Merziger Straße. Auf dem Fahrradstreifen fahren wir zu einem Kreisverkehr, den eine eindrucksvolle Skulptur aus rostrotem Stahl ziert, hinter der der Hochofen der Dillinger Hütte herausragt. Die ❶ Skulptur „Viewpoint" wurde vom amerikanischen Bildhauer Richard Serra 2006 hier im Stahlwerk gefertigt. Die Dillinger Hütte hat eine über 300-jährige Geschichte. Sie ist das größte Grobblechwerk Europas und heute der einzige Produktionsstandort von Roheisen im Saarland mit 5500 Beschäftigten. Sie liefert den Stahl für Brücken, Meeresplattformen und Hochhäuser.

Am Kreisverkehr biegen wir rechts ab auf die Uferstraße Richtung Saarlouis. Wir folgen dem Verlauf der Straße an einem Baumarkt vorbei bis zu einem Stoppschild, an dem wir links in die Brückenstraße abbiegen. Nach etwa 1 Kilometer wechseln wir kurz vor einer Brücke links auf den hier beginnenden Radweg. Auf ihm überqueren wir zuerst die Prims, die hier in die Saar mündet, dann die Saar und die Autobahn A 6. An der folgenden T-Kreu-

Kilometer: 35
Höhenmeter: 200
Stunden: 4
RUNDTOUR

Skulptur „Viewpoint" an der Dillinger Hütte

Ende des 18. Jahrhunderts errichtete der in Metz geborene Nicolas Villeroy in Wallerfangen eine Steingutfabrik. 1836 fusionierte er mit Jean-François Boch und gründete mit ihm die Firma **Villeroy & Boch,** *die sich zum heutigen Keramik-Weltkonzern entwickelte.*

zung folgen wir einfach dem Rad- und Fußweg nach links entlang der **L 170,** die wir nach 400 Metern nach links verlassen und am Ufer des idyllischen **Saaraltarms** weiterfahren. Rechts erkennen wir hinter dichtem Grün das um 1753 erbaute **Schloss Wallerfangen,** das im 19. Jahrhundert in den Besitz der Familie Villeroy kam und heute noch ihr Stammsitz ist.

Am Ende des Altarms betreibt ein Angelverein einen direkt am Wasser äußerst idyllisch gelegenen kleinen Biergarten, der täglich um 10 Uhr öffnet. Wir biegen hier rechts ab auf die **Saarstraße,** die uns zur **Hauptstraße** im Zentrum von **Wallerfangen** führt. Hier biegen wir rechts ab und folgen an der Zufahrt zum privaten Schloss Wallerfangen der nach links abknickenden Vorfahrt in die **Sonnenstraße,** die wir nach 150 Metern schräg rechts verlassen. Wir tauchen bald darauf in ein idyllisch grün bewaldetes Tal ein. An einer Abzweigung biegen wir rechts ab Richtung **Oberlimberg.** Wir verlassen hier die Talsohle und fahren nun auf einer kleinen asphaltierten Einbahnstraße stets bergauf durch einen wunderschönen Mischwald, der sich an steilen Berghängen entlangzieht. Dabei über-

Unterwegs im Saargau

winden wir 150 Meter Höhenunterschied, bis wir den Bergrücken erreicht haben. Trotz der Steigung genießen wir die Stille des Waldes mit seinen prächtigen seltenen Nadelbäumen, alten Eichen, Edelkastanien und Akazienbäumen.

An einer T-Kreuzung endet der Wald, und wir biegen links ab. Vorbei an schönen alten Streuobstwiesen erreichen wir das winzige Dorf **Oberlimberg.** Im Zentrum beim denkmalgeschützten Meierhof vom Anfang des 19. Jahrhunderts halten wir uns links und folgen dem Verlauf der Straße. Nach 700 Metern kommen wir an der Zufahrt des ❷ **Golfclubs Saarbrücken** vorbei mit einem Restaurant, das täglich ab Mittag geöffnet hat.

Der nächste Ort ist **Gisingen.** Nachdem wir eine Vorfahrtstraße überquert haben, erreichen wir nach 100 Metern das ❸ **Haus Saargau** aus dem 18. Jahrhun-

Für die Seele
Stiller Wald, geheimnisvolle Orte in malerischen Tälern, Kleinode am Wegesrand, erfrischende Natur.

Saaraltarm

Unterwegs im Saargau

dert mit einem Bauernhausmuseum. Dabei handelt es sich um ein Lothringer Bauernhaus, ein Haustyp, den man im Saarland nur in Orten findet, die einst zu Lothringen gehörten. Sie vereinten Wohn- und Wirtschaftsteil für Mensch und Tier unter einem Dach. Das Innere zeigt altes Inventar und moderne Ausstellungen. Hinter dem Haus schließt sich ein traditioneller Bauerngarten mit Streuobstwiese an. Der malerische Anblick des Hauses mit seinen Fensterläden, der Einfahrt mit Kopfsteinpflaster und dem alten Nussbaum davor lässt uns etwas wehmütig daran denken, wie idyllisch das Gros der Dorfstraßen sein könnte ohne die unsäglichen Modernisierungs- und „Verschönerungsmaßnahmen" der letzten Jahrzehnte.

Wir radeln weiter, müssen im Dorf einmal links und dann wieder rechts abbiegen und verlassen den Ort über eine Anhöhe. Die bäuerliche Landschaft ist wie früher mit dichten Hecken an den Feldern und Streuobstwiesen gegliedert. Nach kurzem steilen Anstieg biegen wir an einer Wegkreuzung rechts ab Richtung **Rammelfangen,** das nächste Dorf, das wir gleich erreichen werden. Am Ortsrand stoßen wir auf die **L 355,** auf der wir links fahren und dabei am **Schloss Dusartz de Vigneulle** vorbeikommen, einem hübschen Herrensitz aus der Mitte des 19. Jahrhunderts. Heute ist er mit seiner ❹ **Galerie im Schloss** ein Ort für Kunstausstellungen, Konzerte und Tagungen.

Wir fahren auf der **Landstraße** durch Rammelfangen stets geradeaus und danach durch das bewaldete **Weinbachtal.** Wir können die Räder entspannt bergab sausen lassen, bis wir unten im Dorf **Ihn** auf eine T-Kreuzung treffen und rechts abbiegen. Die **L 354**

Viez ist im Saarland und westlichen Rheinland-Pfalz die Bezeichnung für Apfelwein, vergoren aus den kleinwüchsigen Äpfeln der Streuobstwiesen. Er hat einen säuerlichen Geschmack und einen Alkoholgehalt von 5 bis 7 %. Heute gibt es auch verschiedene Viezspezialitäten.

Villa Rustica

Unterwegs im Saargau

führt uns durch die Idylle des Ihner Bachs im deutsch-französischen Grenzgebiet. Die Grenze verläuft nur wenige Hundert Meter links von uns. Etwa 300 Meter nach einem Parkplatz rechts der Straße führt ein nicht beschilderter Weg nach rechts zur Kultstätte ❺ **Quellheiligtum Sudelfels.** Dazu fahren wir gut 100 Meter steil bergauf und sehen dann eine Lichtung rechts von uns mit den Resten des gallorömischen Heiligtums. Wir entdecken am Boden eine von alten Steinen gefasste Quelle, aus der seit Urzeiten Wasser sprudelt. Vor 2000 Jahren errichteten Römer hier das Nymphäum (ein Brunnenhaus). Ein Nymphäum ist ein Heiligtum über einer Quelle, mit dem die Römer die Nymphen ehrten, die als Naturgottheiten auch das Wasser beschützten. Ein wahrlich magischer Ort. Archäologische Funde beweisen, dass hier bereits gallische Gottheiten verehrt wurden. In unmittelbarer Nähe sehen wir einige gut erhaltene Grundmauern mit Resten der Fußbodenheizung einer Villa Rustica.

Zurück unten auf der Landstraße folgen wir dieser noch 600 Meter bis zu einer T-Kreuzung, biegen dort rechts ab auf die **L 171,** um nach 200 Metern wieder

Niedtal bei Hemmersdorf

ERFRISCHUNG 12

links in die Felder abzuzweigen. Bald stoßen wir auf den **Niedtalradweg,** dem wir nach rechts durch das gleichnamige zauberhafte Tal folgen. Nach der Unterquerung der Niedtalbahnlinie treffen wir auf die **Nied,** die hier zur Gewinnung von Wasserkraft gestaut wurde. In der ❻ **Wackenmühle** kann man heute einkehren, auf einer Terrasse über dem rauschenden Stauwehr sitzen und der Kraft der Natur lauschen. Bei schönem Sommerwetter dürfen wir nicht versäumen, links an der Mühle vorbei dem kleinen süßen ❼ **Flussfreibad Niedlicht** einen Besuch abzustatten, ein wirklich zauberhaftes Fleckchen Erde. Man liegt in Liegestühlen auf grünem Rasen und lauscht bei einem kühlen Getränk aus der Strandbar dem Rauschen des Wassers oder schwimmt eine Runde im gestauten Fluss. Wenn das Restaurant geschlossen hat, kann man hier zur Stärkung Flammkuchen bekommen.

Flussfreibad Niedlicht

Wir fahren auf der Zufahrtstraße zur Mühle weiter, an einigen Kleingärten vorbei, halten uns an einer Gabelung links und radeln dann am Ufer der Nied entlang. An der zweiten Brücke in **Hemmersdorf** wechseln wir auf die andere Flussseite und folgen der Beschilderung nach **Siersburg.** Die hinter Hemmersdorf folgenden 3 Kilometer Fahrt durch die Auenlandschaft sind an ländlicher Idylle kaum noch zu übertreffen.

In **Siersburg** treffen wir auf eine kleine Kirche mit gedrungenem Turm auf einer kleinen Anhöhe, die ❽ **Kapelle St. Willibrord.** Durch die Sanierung der Kirche lässt sich leider kaum noch erahnen, dass sie einer der ältesten sakralen Bauten im Saarland sein soll. Im weiteren Verlauf treffen wir auf die vorfahrtberechtigte **Niedstraße,** auf die wir rechts

Leickshof

ERFRISCHUNG 12

abbiegen und am ❾ **Leickshof** vorbeikommen, einem schönen Restaurant mit noch schönerem Garten, das außer sonntags erst ab 17 Uhr geöffnet hat. Hinter der Brücke über die Nied biegen wir links ab Richtung **Eimersdorf.**

Kurz hinter dem Ortsende liegt links der Straße das Hotel und Gourmetrestaurant ❿ **Niedmühle,** dem gegenüber wir vor der Nied schräg rechts abbiegen in eine Sackgasse. Nach 100 Metern verlassen wir die Straße nach links auf einen geschotterten Weg, der durch ein Naturschutzgebiet entlang der Nied bis an die **L 170** führt. Wir überqueren die Landstraße und radeln weiter Richtung **Dillingen.** Kurz bevor wir das Saarufer erreichen und dort nach rechts fahren, unterqueren wir die **Autobahn A 8.** Wir folgen dem befestigten Weg an der Saar bis zur **Schleuse Rehlingen.** Mit einem Abstecher über die Staustufe erreicht man den ⓫ **Biergarten zur Staustufe.**

Wir radeln noch bis zur nächsten Straßenbrücke, auf der wir den Fluss überqueren. Dazu folgen wir dem Radwegweiser hinauf zur Straße, wo wir scharf links abbiegen und auf dem Radweg neben der Fahrbahn den Fluss überqueren. Hinter einer Eisenbahnbrücke kreuzen wir die **L 347** über eine Verkehrsinsel. Auf der anderen Straßenseite fahren wir zunächst rechts und biegen nach wenigen Metern vor der Bahnbrücke links ab. An einer T-Kreuzung biegen wir rechts ab und folgen dem Verlauf der Straße durch ein kleines Industriegebiet. An der nächsten Kreuzung fahren wir mit einem Schlenker nach links geradeaus durch die schmale **Eisenbahnstraße** bis zu einem Stoppschild, an dem wir links abbiegen. Nach weniger als 100 Metern treffen wir auf eine Vorfahrtstraße, biegen links ab, überqueren auf einer Brücke eine Bahnlinie und biegen danach sofort wieder rechts ab. Hier erreichen wir nun den **Parkplatz an der Römerbrücke** und 500 Meter weiter geradeaus den **Bahnhof Dillingen.**

Niedtalradweg

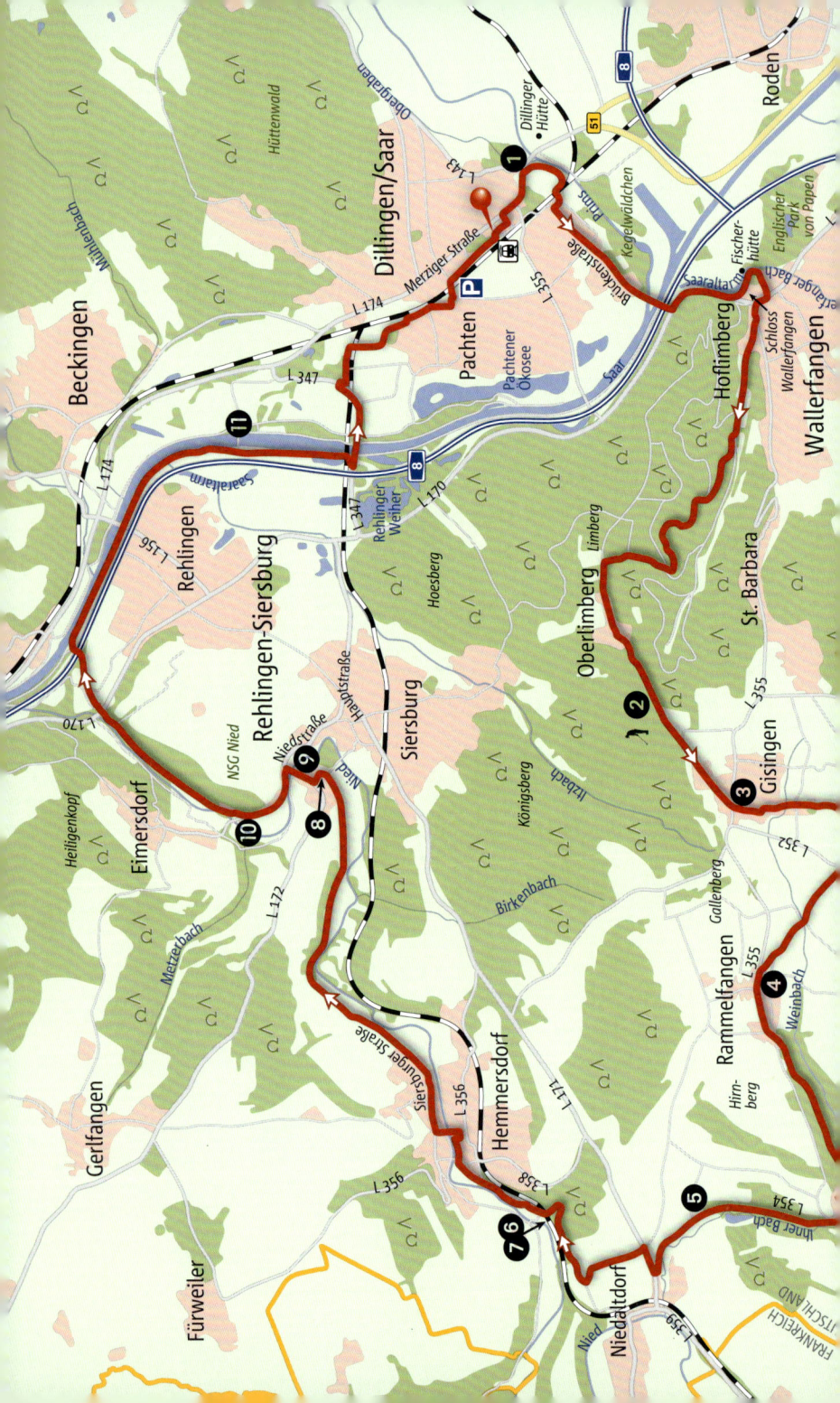

ALLES AUF EINEN BLICK

Entspannung 🪖 🪖 🪖
Abenteuer 🪖 🪖 🪖
Vielfalt 🪖 🪖 🪖 🪖

WIE & WANN
Kaum befahrene Straßen, vorwiegend asphaltierte Wege, eine längere Steigung. Ganzjährig gut befahrbar, am schönsten Frühling bis Herbst.

HIN & WEG
Auto: Parkplatz an der Römerbrücke (kostenlos), Pachtener Straße 18–24, 66763 Dillingen (Saar)
ÖPNV: Bahnhof Dillingen (Saar)

ESSEN & ENTSPANNEN
- ② **Golfclub Saarbrücken,** Oberlimberger Weg 43, 66798 Gisingen, Tel. (0 68 37) 4 44 80 25, www.golfclub.restaurant
- ⑥ **Wackenmühle,** Zur Wackenmühle 4, 66780 Rehlingen-Siersburg, Tel. (0 68 33) 5 55
- ⑨ **Leickshof,** Niedstraße 107, 66780 Rehlingen-Siersburg, Tel. (0 68 35) 6 79 93, www.leickshof.de
- ⑩ **Restaurant Niedmühle,** Niedtalstraße 13–14, 66780 Rehlingen-Siersburg, Tel. (0 68 35) 6 74 50, www.restaurant-niedmuehle.com
- ⑪ **Biergarten zur Staustufe,** Röntgenstraße, 66763 Dillingen, Tel. (0 15 11) 1 46 67 55, www.biergarten-zur-staustufe.de

ENTDECKEN & ERLEBEN
- ① Skulptur „Viewpoint"
- ③ **Haus Saargau,** Zum Scheidberg 11, 66798 Gisingen, Tel. (0 68 37) 91 27 62, www.rendezvous-saarlouis.de/haus-saargau
- ④ **Galerie im Schloss,** Landstraße 4, 66798 Rammelfangen, Tel. (0 68 37) 4 44 01 10, www.gims-galerie-im-schloss.de
- ⑤ **Quellheiligtum Sudelfels**
- ⑦ **Flussfreibad Niedlicht**
- ⑧ **Kapelle St. Willibrord**

Würzbacher Weiher

ERFRISCHUNG 13

Stille Wasser
Sieben-Weiher-Tour um St. Ingbert

Wir starten unsere Sieben-Weiher-Tour am Parkplatz am Ufer des **Würzbacher Weihers** gegenüber dem Bahnhof Würzbach (Saar). Wir radeln zunächst direkt am grün bewachsenen Seeufer entlang. Am anderen Ufer sehen wir ein Freizeitgelände mit Liegewiese und einem Wohnmobilstellplatz, links daneben den ehemaligen Landsitz Annahof, ein ovaler Bau mit schickem Hotel und Restaurant in Traumlage. Gleich bekommen wir eine Halbinsel in den Blick mit der hoch über dem See weithin sichtbaren prächtigen Villa Gut Junkerwald. Links unterhalb im 1908 als Remise erbauten romantischen Haus, in dem sich früher ein Restaurant mit saarländischer Küche befand, werden heute im ❶ **Restaurant Halbinsel** mit nettem Ambiente und einem Gewölbekeller jemenitische Gerichte zu moderaten Preisen serviert. Man erreicht es vom Ufer aus über eine kleine Brücke.

Wir radeln am Ufer weiter, ab dem Ende des Sees dann am Würzbach bis zu einer T-Kreuzung. Wir unterqueren links die Bahnlinie, biegen dahinter wieder rechts ab und treffen gleich auf den ❷ **Griesweiher** mit der **Fischerhütte** und ihrem netten Biergarten direkt am Wasser gelegen. Wir folgen dem geschotterten Weg entlang dem Teich bis zu einer T-Kreuzung. Hier fahren wir links und überqueren an einem Wanderparkplatz die **L 111** Richtung **St. Ingbert.**

Nun beginnt ein bergauf führender asphaltierter Weg, der bald malerisch durch einen Hohlweg führt und von knorrigen Bäumen gesäumt wird. Dem Radwegweiser

Kilometer: 28
Höhenmeter: 90
Stunden: 3
RUNDTOUR

Griesweiher

folgend, verlassen wir den befestigten Weg an einer Gabelung nach links. Wir radeln entspannt weiter durch herrliche stille Natur, die wir hier ganz für uns allein haben. Vorbei an uralten Bäumen führt der Weg bergab, bis wir auf den ❸ **Weiher Ettental** treffen. Rechts liegt der wunderschön restaurierte private gleichnamige Gutshof. Wir fahren nach links. An der historischen **Rittersmühle,** in der heute ein Steinmetz seine Werkstatt hat, biegen wir rechts ab auf die **L 235.**

Auf einem Radweg neben der Landstraße fahren wir nach **Oberwürzbach** und biegen direkt am Ortseingang rechts in die **Talstraße** ab. Beim **Felsenbrunnen,** einem alten Waschhaus, fahren wir links und folgen der Talstraße bis zu einer T-Kreuzung, wo wir links bis zur Hauptstraße fahren. Der folgen wir nach rechts 500 Meter und biegen wieder rechts ab in die **Reichenbrunner Straße,** über die wir **Reichenbrunn** erreichen. In der Dorfmitte folgen wir der Beschilderung nach links. Nach dem Ortsende und unmittelbar vor der **L 235** biegen wir rechts ab auf einen grob geschotterten Weg, der durch Wald parallel zur Landstraße verläuft. Am Ende des Wegs überqueren wir die Landstraße (Achtung,

Sieben-Weiher-Tour um St. Ingbert

hohe Bordsteinkante!) Richtung **St. Ingbert.** Wir überqueren die L 108 auf einer Brücke und erreichen das Dörfchen **Sengscheid.** Wir lassen uns von der Beschilderung durch den Ort führen und überqueren danach die Autobahn **A 6,** hinter der wir rechts abbiegen. Über uns am Berghang im Wald liegt der von hier nicht sichtbare Fels **Großer Stiefel,** den man nur per pedes erreichen kann.

Wir können nun lange die Räder bergab rollen lassen und dabei die Fahrt durch den kühlen Wald genießen. In **Rentrisch** unterqueren wir eine Bahnlinie und treffen auf die **Untere Kaiserstraße (B 40 / L119).** Hier biegen wir rechts ab auf den Fuß- und Radweg an der Straße. Wir folgen ihrem Verlauf in einer sanften Rechtskurve, wobei wir den Radwegweiser an der ersten Gabelung nach links ignorieren. Hoch über uns überquert die L 126 auf einer Brücke

Für die Seele
Erfrischung finden an stillen Seen und in kühlen Wäldern, Kleinode vergangener Epochen entdecken.

Hohlweg

Fußgängerzone St. Ingbert

In St. Ingbert kann man sich mit der kostenlosen Smartphone-App Lauschtour auf einer Besichtigungstour durch die Stadt führen lassen. Zusätzlich zur Stadtführung gibt es extra Lauschpunkte an der Alten Schmelz.

das Tal. Wir fahren weiter auf der Saarbrücker Straße nach St. Ingbert. Nach insgesamt etwa 1,7 Kilometern biegen wir links ab und machen einen Abstecher zur **Alten Schmelz.**

Die ❹ **Alte Schmelz** ist ein Ensemble von Industriearchitektur eines früheren Eisenwerks aus dem 19. und 20. Jahrhundert mit 250 Jahren Geschichte, das nach und nach saniert wird. Die Mechanische Werkstatt ist heute eine Veranstaltungshalle. Zur Weiterfahrt in die Altstadt von St. Ingbert müssen wir zurück auf die **Saarbrücker Straße,** auf der uns aber schon bald zumindest eine Fahrradspur zur Verfügung steht. An einer Ampelkreuzung fahren wir geradeaus in die **Kaiserstraße** als verkehrsberuhigte 20er-Zone. Sie wird schließlich zu einer sympathischen Fußgängerzone mit hübschen Häusern, Geschäften und Außengastronomie, wo wir leicht ein nettes Lokal zu Einkehr finden und ein Auge auf Passanten und andere Radler werfen können.

Sieben-Weiher-Tour um St. Ingbert

Wir folgen der **Kaiserstraße,** bis die Fußgängerzone endet. Von hier fahren wir zum nahe gelegenen **Beckerturm,** einem wunderbaren Beispiel der Industriearchitektur der Bauhauszeit und inzwischen Wahrzeichen St. Ingberts. Wer rund 900 Meter Straße ohne Radweg vermeiden und auf den Besuch verzichten möchte, biegt hier links ab und radelt noch durch ein Stück Fußgängerzone bis zur nächsten Kreuzung, wo man wieder auf Straßenverkehr stößt. Hier fährt man rechts auf dem Radweg durch eine **Unterführung** und danach in einen Park entlang dem Rohrbach.

Beckerturm

Zum ❺ **Beckerturm** fahren wir die Kaiserstraße geradeaus weiter und biegen nach 300 Metern beim Schild **Sudhaus** rechts ab hinauf zum Gelände der ehemaligen **Brauerei Becker.** Vor uns ragt gigantisch wie eine Kathedrale der 41 Meter hohe Sudturm, genannt **Beckerturm,** aus grauem Stahlbeton auf, ein architektonisches und technisches Meisterwerk seiner Zeit. Wir können noch eine Runde durch den „Innovationspark am Beckerturm" drehen und die anderen Gebäude der ehemaligen Brauerei bewundern, die alle im selben Stil in den 1920er-Jahren gebaut wurden. Wir radeln nun wieder hinunter zur **Kaiserstraße** und dort rechts 250 Meter bis zum **Ochsenpfad,** der links abzweigt und in einen Park führt. Dort stoßen wir auf den Sieben-Weiher-Radweg, dem wir nach rechts folgen.

Wir folgen den Radwegweisern durch den Park und treffen auf die ❻ **Wasserwelt Das Blau.** Das moderne Hallen- und Freibad mit Riesenrutsche bietet Badespaß für Groß und Klein; eine große Saunalandschaft mit Wellnessbereich entspannt dagegen Körper und Seele.

Naturschutzgebiet Im Glashüttental/Rohrbachtal

Glashütter Weiher

Sieben-Weiher-Tour um St. Ingbert

Wir folgen der Beschilderung, die uns um das Gelände des Bads herum führt, biegen auf Am Mühlwald rechts ab und verlassen kurz danach St. Ingbert.

Unser Weg führt uns nun in das Naturschutzgebiet Im Glashüttental/Rohrbachtal, wo wir auf den ❼ Wombacher Weiher treffen mit einem erfrischenden Kneippbecken. Wir folgen weiter der Beschilderung und radeln durch den schönen Wald im idyllischen Naturschutzgebiet bis zur L 241, die wir überqueren und uns rechts halten. 100 Meter weiter biegen wir wieder links ab und fahren über eine praktisch unbefahrene Landstraße, die von alten Bäumen gesäumt ist, zum ❽ Glashütter Weiher. Der wurde erst in den 1960er-Jahren aufgestaut und ist nicht zum Baden freigegeben. Kurz nach dem Ende des Sees endet auch die Straße beim Lokal ❾ Zur Rohrbacher Glashütte, die im 18. Jahrhundert Glas herstellte und seit 1900 als Gastwirtschaft besteht. An einer Gabelung fahren wir leicht links auf einem geschotterten Forstweg in den Wald. An der nächsten Kreuzung biegen wir rechts ab, wo uns auf 700 Meter eine Steigungsstrecke bevorsteht.

Geistkircher Kapelle

Oben auf der Höhe durchneidet eine Stromtrasse den Wald. Wir überqueren die Schneise und fahren an der nächsten Kreuzung links auf einen Forstweg, der 1,8 Kilometer schnurgerade durch Wald und unter der A 6 hindurch verläuft. Vor einer Landstraße endet er abrupt. Hier fahren wir auf einem schmalen Pfad nach rechts 250 Meter weiter und überqueren dann die stark befahrene L 119 über eine Verkehrsinsel. Der gegenüber beginnende Rad- und Fußweg führt uns zur ❿ Geistkircher Kapelle. Rechts von der kleinen Wallfahrtskapelle führt ein verwunschener Weg durch Dickicht bis zu einer Unterführung einer Bahnlinie. Auf der anderen

Seite der Gleise führt unser Weg durch ein stilles Wiesental. Wir folgen stets den Radwegweisern und radeln auf einem mehr schlecht als recht geschotterten Weg.

Dafür erwartet uns hier der malerischste und idyllischste Abschnitt der gesamten Tagestour. Der Weg führt uns durch das Wiesental in dichten Wald, wo keine Straße und keine Bahnlinie die Naturidylle stören. Das Rascheln der Blätter im Wind, das Zwitschern der Vögel und Zirpen der Grillen sind die einzigen Geräusche, die wir hier wahrnehmen, wenn wir stoppen und innehalten. Knorrige Bäume begleiten den märchenhaften Weg durch das immer enger werdende Tal.

Wir treffen auf den kleinen ⓫ **Sägeweiher.** Dahinter geht die Fahrt durch das idyllische **Geißbachtal** weiter, führt am Geißbachteich vorbei und erreicht schließlich einen Seitenarm des **Würzbacher Weihers.**

Annahof

Sieben-Weiher-Tour um St. Ingbert

Am Ende des Waldes geht der geschotterte Forstweg in eine kleine asphaltierte Straße über. Hier erreichen wir als erstes Gebäude den ❶❷ **Annahof,** den wir schon beim Start der Tour am gegenüberliegenden Seeufer erblickt haben. In diesem oval angelegten historischen Gebäude ist heute ein Hotel mit Restaurant und Café untergebracht, auf dessen Terrassen man wunderschön mit Blick auf den See sitzen und träumen kann.

Vorbei am Freizeitgelände mit Biergarten und Beachvolleyballfeld erreichen wir das ❶❸ **Café Am See,** von dessen kleiner Terrasse man ebenfalls den Blick auf das Wasser genießen kann. Hinter den Gewächshäusern einer Gärtnerei biegen wir rechts ab, überqueren den Damm, der den Würzbach zum See aufstaut, und erreichen den Ausgangspunkt unserer Tour am Bahnhof.

Der Stausee **Würzbacher Weiher** *existierte schon im 16. Jh. Im 18. Jh. wurde er zum Zentrum eines von der Gräfin Marianne von der Leyen angelegten Englischen Gartens mit Haus Montplaisir, dem Gut Annahof und verschiedenen Land- und Lustbauten.*

Würzbacher Weiher

ALLES AUF EINEN BLICK

Entspannung 🚴🚴🚴🚴🚴
Abenteuer 🚴🚴🚴
Vielfalt 🚴🚴🚴🚴🚴

WIE & WANN
Asphaltierte und geschotterte Wege und Radwege, kaum Straßen, eine lange und mehrere kurze Steigungen. Gut befahrbar, am schönsten Frühling bis Herbst.

HIN & WEG
Auto: Parkplatz am Bahnhof (kostenlos), 66440 Blieskastel-Niederwürzbach
ÖPNV: Bahnhof Würzbach (Saar)

ESSEN & ENTSPANNEN
- ① **Restaurant Halbinsel,** Gut Junkerwald 2, 66440 Blieskastel-Niederwürzbach, Tel. (0 68 42) 8 06 48 59, www.halbinselrestaurant.de
- ⑨ **Zur Rohrbacher Glashütte,** Glashütter Hof 2, 66386 Rohrbach, Tel. (0 68 94) 5 11 33, www.rohrbacher-glashuette.de
- ⑫ **Annahof,** Annahof, 66440 Blieskastel-Niederwürzbach, Tel. (0 68 42) 9 60 20, www.annahof.de
- ⑬ **Café Am See,** Marxstraße 83, 66440 Blieskastel-Niederwürzbach, Tel. (0 68 42) 70 49

ENTDECKEN & ERLEBEN
- ② **Griesweiher**
- ③ **Weiher Ettental**
- ④ **Alte Schmelz,** Alte Schmelz, 66386 St. Ingbert, www.alte-schmelz.com
- ⑤ **Beckerturm,** Kaiserstraße 170–174, 66386 St. Ingbert
- ⑥ **Wasserwelt Das Blau,** Arthur-Kratzsch-Straße 6, 66386 St. Ingbert, Tel. (0 68 94) 9 55 25 00, www.das-blau.de
- ⑦ **Wombacher Weiher**
- ⑧ **Glashütter Weiher**
- ⑩ **Geistkircher Kapelle**
- ⑪ **Sägeweiher**

ERFRISCHUNG 14

Total entspannt
Zwischen Bostalsee und Hochwald

Unsere Radtour startet beim Bahnhof Türkismühle und verläuft ab hier, abgesehen vom Abstecher zum Bostalsee, komplett auf der Trasse der ehemaligen Hochwaldbahn, die erst 2023 als vorbildlich ausgebauter Radweg eröffnet wurde. Dieser endet nach dem Bierfelder Tunnel im Nichts ohne ÖPNV-Anschluss, auch verkehrt hier kein Fahrradbus, weshalb wir die rund 16 Kilometer auf dem Bahntrassenradweg auch wieder zurückfahren.

Der **Bahnradweg Sankt Wendeler Land** beginnt vom Bahnhofsgebäude kommend am Ende des **Busbahnhofs,** wo er unter der alten Eisenbahnbrücke hindurchführt. Hier zweigten einst die Gleise von der heutigen Gleisanlage ab. Gleich danach überqueren wir die noch sehr schmale **Nahe,** die nur 8 Kilometer von hier entfernt entspringt. Dann kreuzt der Weg die **Saarbrücker Straße** und wir radeln weiter auf dem perfekt glatt asphaltierten neuen Radweg Richtung **Nonnweiler.**

Die erste der zahlreichen Infotafeln entlang der Strecke erzählt vom Naturschutzgebiet im **Söterbachtal,** durch das die Bahntrasse einige Kilometer verläuft. Der Bach schlängelt sich unberührt durch naturbelassene Wiesenauen. Nach etwa 1,5 Kilometern erreichen wir an einem Rastplatz eine Abzweigung zum **Bostalsee.** Wir biegen hier ab für einen etwa 7 Kilometer langen Abstecher hin und zurück. Wer eher Lust verspürt, die Auszeit am Badestrand gegen Ende der Radtour zu nehmen, kann den Abstecher natürlich auch später auf der Rückfahrt unternehmen.

Der 30 km lange **Bahnradweg Sankt Wendeler Land** führt auf der Trasse der Hochwaldbahn von Bierfeld nach Türkismühle und von dort weiter bis Freisen auf der Trasse der Westrichbahn. Von dort kann man auf dem Fritz-Wunderlich-Weg autofrei weiter bis Kusel radeln.

Ende des 19. Jh. wurde von Trier über Hermeskeil nach Türkismühle die **Hochwaldbahn** gebaut, die zwischen 1998 und 2014 stillgelegt und großenteils zu einem Radweg ausgebaut wurde.

Kilometer: 38
Höhenmeter: 90
Stunden: 3
STRECKE
(hin und zurück)

Gonnesweiler Strandbad am Bostalsee

Haus steht Kopf

Zwischen Bostalsee und Hochwald

Wir fahren einen asphaltierten Weg bergauf zu einem Sportplatz und biegen dort dem Wegweiser Saarlandradweg folgend links ab. Nach knapp 400 Metern biegen wir rechts ab Richtung Bostalsee, halten uns an einem Kreisverkehr leicht links und treffen dann auf das Seeufer mit Zugang zum ❶ **Gonnesweiler Strandbad** (kostenpflichtig). Es hat einen breiten Sandstrand, einen abgegrenzten Schwimmer- und Nichtschwimmerbereich, einen Tretbootverleih und eine Surfschule. Natürlich fehlt auch eine Beach Bar nicht. Eine ganz neue Attraktion ist ein vollkommen normal eingerichtetes Haus, das auf dem Kopf steht und das man auch innen besichtigen kann.

Für die Seele
Auf ebenen Wegen an idyllischen Blumenwiesen und Bachläufen, ein Abstecher zum Seeufer und Badespaß.

Wir radeln über den Staudamm, an dessen Ende links in exponierter Lage mit Seeblick das Wellnesshotel ❷ **Seezeitlodge Hotel & Spa** liegt. Der Weg folgt weiter dem Ufer, das hier naturbelassen und frei zugänglich ist. Wir setzen uns ans Ufer, genießen die Stille hier abseits der Strände, beobachten Libellen und erfreuen uns an den blühenden Lilien, dem Schilf und den Weiden, deren Äste tief zum Wasser herabhängen. Nach diesem inspirierenden Abstecher kehren wir um und radeln denselben Weg zurück zum Bahntrassenradweg, um die Tour dort fortzusetzen.

Ganz entspannt und zunächst ohne Steigung radeln wir nun auf dem Bahnradweg weiter durch das stille Söterbachtal. Vor **Sötern** überspannt die Autobahnbrücke der **A 62** das Tal. Kurz danach überqueren wir die **L 330** und treffen auf einen ❸ **Rastplatz,** der mit einem alten Güterwaggon dekoriert wurde.

Auch der weitere Verlauf der Strecke führt uns durch romantische naturnahe Talauen. Am Rande von **Schwarzenbach** weist uns ein selbst gemaltes Schild auf das ❹ **Lädchen zum Bahnhof** hin, hinter dem sich ein winziger Hofladen eines Bio-Bauernhofs verbirgt mit Lebensmitteln, gekühlten Getränken, einer Eistruhe

Das mit Auszeichnungen überhäufte **Seezeitlodge Hotel & Spa** *bietet wochentags auch ein Day Spa für Nichthotelgäste an. Mit vorheriger Reservierung im Restaurant kann man ein ganz besonderes Dinner bei Sonnenuntergang über dem See genießen.*

Rastplatz Sötern

Zwischen Bostalsee und Hochwald

mit Eisbechern und einer Kasse des Vertrauens. Wo sich einst der Bahnsteig befunden haben muss, ist heute ein netter kleiner Spiel- und Rastplatz, an dem man seinen Einkauf aus dem Lädchen verzehren kann.

Ab hier geht es nun Richtung **Otzenhausen** so stark bergab, dass wir uns das Treten sparen können. Schließlich treffen wir auf einen Wegweiser, der zur Ortsmitte und dem Keltenpark zeigt. Wenn man der Beschilderung folgt und Richtung Kirche fährt, an der man sich rechts hält, kommt man zum ❺ **Gasthaus Meyershof.** Von dort geht es noch etwa 2 Kilometer und 80 Höhenmeter weiter zum ❻ **Keltenpark.** Wenn man von dort noch zum Keltischen Ringwall möchte, der ausgesprochen sehenswert ist, sind von der Bahntrasse aus allerdings insgesamt rund 200 Höhenmeter zu überwinden.

Zurück auf dem Radweg geht es weiter gleichmäßig bergab. Wir überqueren an einem Autobahndreieck zuerst die **A 62,** tauchen dann in einem weiten Rechtsbogen wieder in idyllisches Grün ein, um dann

ERFRISCHUNG 14

Lädchen zum Bahnhof

Fährt man vom Ende des Bahnradwegs auf geschottertem Radweg mit ca. 100 Meter Anstieg 7 km weiter bis Hermeskeil, kann man dort auf einem traumhaften Bahnradweg vorwiegend bergab insgesamt 77 km bis Trier und mit der Bahn in 2 Stunden zurück nach Türkismühle fahren.

die **A 1** zu unterqueren. Nach einer weiteren Kurve kreuzen wir noch mal die Autobahn, bevor wir den alten ❼ **Bahnhof Nonnweiler** und gleich danach den schönen vierbogigen ❽ **Viadukt** erreichen, auf dem wir das Tal der Prim überqueren. Nun dauert es nicht mehr lange, bis der Radweg im Mundloch des ❾ **Bierfelder Tunnels** verschwindet. Das Innere ist kühl und beleuchtet. Der historische Tunnel wird von einem moderneren abgelöst, der hier unter der Autobahnausfahrt Nonnweiler-Bierfeld verläuft. Dahinter weist an einer Abzweigung ein Wegweiser auf die ❿ **Parkschenke Simon** hin, 400 Meter von hier entfernt.

Beim Ortsschild **Bierfeld** erreichen wir nun das Ende der ausgebauten Bahntrasse an einem kleinen Rastplatz mit Spielgerät. Die weitere Trasse ist von der Natur eingenommen worden. Die Fortsetzung des Radwegs hinauf nach Hermeskeil verläuft nach rechts versetzt geradeaus parallel zur ehemaligen Bahnlinie. Wir wenden hier, fahren zurück und sind froh, dass es auf Bahntrassen keine stärkeren Steigungen als maximal 3 Prozent gibt.

Viadukt Nonnweiler

Bierfelder Tunnel

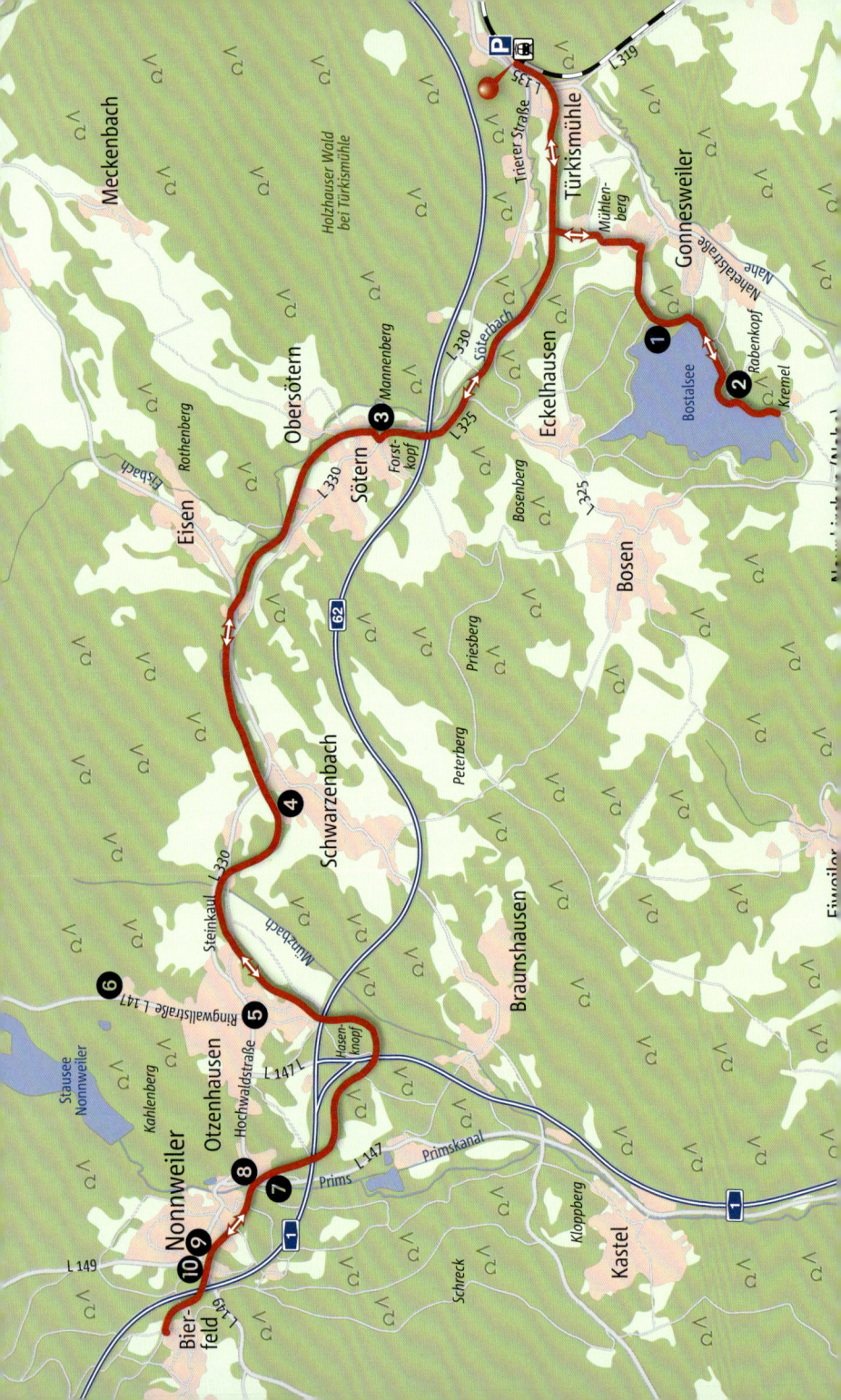

ALLES AUF EINEN BLICK

Entspannung 🚴 🚴 🚴 🚴 🚴
Abenteuer 🚴 🚴
Vielfalt 🚴 🚴 🚴

WIE & WANN
Perfekt ausgebauter, breiter und makellos asphaltierter Radweg durchgehend auf Bahntrasse, gleichmäßiges Gefälle bzw. Steigung bei Rückfahrt. Abstecher zum Bostalsee auf befestigten Wegen mit geringer Steigung. Ganzjährig gut befahrbar, am schönsten Frühling bis Herbst.

HIN & WEG
Auto: Parkplatz am Bahnhof (kostenlos), 66625 Türkismühle
ÖPNV: Bahnhof Türkismühle

ESSEN & ENTSPANNEN
- ❷ **Seezeitlodge Hotel & Spa,** Am Bostalsee 1, 66625 Nohfelden, Tel. (0 68 52) 8 09 80, www.seezeitlodge-bostalsee.de
- ❺ **Gasthaus Meyershof,** Bahnhofstraße 2, 66620 Otzenhausen, Tel. (0 68 73) 66 98 13, www.restaurant-meyershof.de
- ❿ **Parkschenke Simon,** Auensbach 68, 66620 Nonnweiler, Tel. (0 68 73) 66 99 70, www.parkschenke-simon.de

ENTDECKEN & ERLEBEN
- ❶ **Gonnesweiler Strandbad,** Tel. (0 68 51) 8 01 81 00, www.bostalsee.de
- ❸ **Rastplatz**
- ❹ **Lädchen zum Bahnhof,** Horstgraben, 66620 Schwarzenbach
- ❻ **Keltenpark,** Hunnenringweg, 66620 Otzenhausen, Tel. (0 68 73) 6 60 14, www.keltenpark-otzenhausen.de
- ❼ **Bahnhof Nonnweiler**
- ❽ **Viadukt**
- ❾ **Bierfelder Tunnel**

Biotop Beeden

ERFRISCHUNG 15

Im Storchenland
Tälertour an der Blies

Wir starten unsere Radtour am **Wanderparkplatz Kirkeler Tafeltour,** wo ein spannender, spektakulärer Premiumwanderweg beginnt, der auf 8,7 Kilometern durch die bewaldeten Berge und Täler östlich von Kirkel an bizarren Felsen und Höhlen vorbei und zu einer keltischen Kultstätte führt (die Runde gibt es auch als Lauschtour Kirkeler Felsenpfad in der kostenlosen Lauschtour-App). Dieses Waldgebiet umrunden wir auf unserer Tour durch breite Täler mit naturbelassenen Auenlandschaften, durch die sich die Blies schlängelt und in denen sich Störche wohlfühlen.

Wir fahren gegenüber vom Parkplatz in die Spielstraße **In der Schlehhecke,** wobei wir der Radwegbeschilderung „Adebar-Runde" folgen, die uns fast auf der ganzen Tour begleitet. Wir radeln hinunter bis zu einer T-Kreuzung, biegen rechts ab und stoppen an der **Kaiserstraße,** bevor wir sie überqueren. Startet man die Tour am **Bahnhof Kirkel,** fährt man über die Eisenbahnstraße und die Kaiserstraße etwa 1 Kilometer bis zu dieser Kreuzung, um hier links abzubiegen. Kurz darauf überqueren wir eine Bahnlinie und biegen danach rechts ab. Schnell sind wir von ländlicher Idylle mit Wiesen, Feldern und Wäldern umgeben. Rechts von uns sehen wir die grünen Hügel, die sich zwischen Kirkel und dem Bliestal erstrecken, mit einem der größten zusammenhängenden Waldgebiete im Saarland. Ein Eldorado für Wanderer. Eben und entspannt radeln wir zum malerischen ❶ **Gänseweiher,** wo Bänke am idyllischen Teich mit Schilf und Seerosen zu einer

Kilometer: 28
Höhenmeter: 110
Stunden: 3
RUNDTOUR

Gänseweiher

Vinothek Vindumi

Tälertour an der Blies

Rast einladen, bei der man Wasservögel beobachten kann.

Auf der Weiterfahrt unterqueren wir eine Autobahnbrücke der A 8, die hier großzügig das Tal überspannt. Unser Weg mündet am Ortsrand von Limbach in die Fahrradstraße Zum Schwimmbad. Den Namen verdankt sie dem ❷ Solarfreibad, vor dem sich ein Fahrradreparaturständer befindet. Ein 50-Meter-Schwimmbecken, ein großes Becken für Nichtschwimmer, ein riesiges Planschbecken und Sprungtürme laden Familien zu einer sportlichen Erfrischung ein.

Für die Seele
Entspannte Tour durch Naturparadiese in idyllischen Tälern und Wäldern, Abstecher zu magischen Orten.

Die Fahrradstraße endet an der Hauptstraße, auf die wir rechts abbiegen. Sie führt uns in das Zentrum von Limbach, wo wir rechts die Vinothek ❸ Vindumi entdecken. Hinter dem Namen scheint sich „Vin du Midi" zu verbergen, da sich die netten Inhaber des einladenden Geschäfts mit Ausschank und Kleinigkeiten zum Essen auf Weine aus Südfrankreich spezialisiert haben.

Am Ende des Städtchens überqueren wir die Blies, um an der nächsten Möglichkeit die Straße scharf

Biotop Beeden

ERFRISCHUNG 15

rechts zu verlassen. Ein asphaltierter Weg führt zum Ufer der Blies zurück und entlang ihrem Ufer, unterquert eine Bahnlinie und eine Straße und führt dann hinaus in das weite Bliestal mit grünen Wiesen, umgeben von sanften bewaldeten Hügeln. Wir nähern uns dem Naturschutzgebiet ❹ **Biotop Beeden,** auch Beeder Bruch genannt. Es wurde künstlich mit Flutmulden, Nassbrachen und Weidengebüsch angelegt und dient als Brut-, Rast- und Überwinterungsgebiet für verschiedene Vogelarten. Heckrinder und Wasserbüffel dienen als Landschaftspfleger und halten die Aue offen. Eine kleine Aussichtsplattform verschafft uns einen Überblick über das malerische Feuchtbiotop. Die Blies darf sich hier wie im ganzen Tal unbegradigt und von alten Bäumen begleitet durch das ebene Tal winden.

Wir folgen weiter dem beschilderten Radweg, wobei wir kurz den Ortsrand von **Beeden** berühren, ein Ortsteil von Homburg, hier die **Blieskasteler Straße** überqueren und danach weiter durch die **Bliesaue** fahren. Wir nähern uns wieder der Autobahn **A 8,** die hier das Bliestal durchquert und mit ihrer Geräuschkulisse die Idylle trübt. Nach 800 Metern unterqueren wir die Autobahntrasse und folgen dem Radweg, der kurz danach über die Blies führt. Nach 500 Metern unterqueren wir eine Brücke und erreichen nach einer Kurve eine Abzweigung. Während der Radweg nach links weiterführt, machen wir hier zuvor nach rechts einen Abstecher zur malerischen ❺ **Klosterruine Wörschweiler** und danach zum ❻ **Römermuseum Schwarzenacker** auf der anderen Seite der Blies. Nach gut 100 Metern treffen wir in **Wörschweiler** auf die **Bierbacher Straße,** an der sich die Wege scheiden.

Um zur Klosterruine zu gelangen, biegen wir links ab und nehmen nach 50 Metern rechts nach dem **Restaurant Lomoncello** den für Autos gesperrten Weg. Er führt steil hinauf in den Wald, macht eine Serpentinenkurve und endet an einer Lichtung, an der die malerischen Mauern der **Kirchenruine** des mittelalterlichen

Bliestal bei Bierbach

Klosterruine Wörschweiler

Die Abtei Wörschweiler wurde 1131 am Ort einer römischen Anlage von Benediktinern gegründet und 1171 von Zisterziensern übernommen, die die Kirche um das Paradies erweiterten. Die freigelegten Grundmauern lassen den Grundriss der Klostergebäude neben der Kirche erkennen.

Klosters aus dem hohen Gras aufragen. Wir lassen uns auf einer der Bänke nieder und genießen die Stimmung des natürlich belassenen einsamen Ortes und den Blick auf das romanische Kirchenportal, ein magischer Ort wie auf einem Gemälde der Romantik.

Wir fahren wieder hinunter zur Straße, überqueren die Blies und die Autobahn und erreichen wenige Meter rechts einer T-Kreuzung das Römermuseum Schwarzenacker. Auf dem Grabungsgelände einer römischen Kleinstadt, die 275 von den Alemannen verwüstet wurde, sind gut erkennbar Grundmauern und Kanäle der Wasserversorgung erhalten geblieben. Einige Gebäude wurden möglichst originalgetreu rekonstruiert. Im Edelhaus, einem Barockbau des frühen 18. Jahrhunderts, werden neben den römischen Fundstücken auch Gemälde ausgestellt, eine Dauerleihgabe der Bayerischen Staatsgemäldesammlung.

Wir radeln zurück in die Bliesaue und geradeaus auf einem asphaltierten Weg mitten durch die ausgedehnten Wiesen des Bliestals. An einer T-Kreuzung biegen wir links ab, unterqueren eine Bahnlinie und verlassen

Tälertour an der Blies

in der folgenden Linkskurve die Straße nach rechts. Am Ende der geraden Strecke fahren wir rechts weiter und erreichen am Ortsrand von Bierbach einen Bahnübergang über eine eingleisige Bahnlinie. Vor diesem biegen wir links auf einen asphaltierten Weg ab, wo wir dem Radwegweiser Richtung Blieskastel folgen. Wir fahren nun stets entlang den Bahngleisen, während sich links von uns die Blies mit zahllosen Schleifen durch das Tal windet.

In einer scharfen Rechtskurve biegt unsere Adebar-Route rechts ab Richtung Kirkel. Hier befinden sich ein Rastplatz und eine Fahrradreparaturstation. Ab hier verläuft der Bliesgau-Radweg Richtung Süden vorbei an Blieskastel durchgehend auf einer ausgebauten ehemaligen Bahntrasse bis über die deutsch-französische Grenze hinaus Richtung Sarreguemines. Auf diesem Weg kann man auch einen lohnenden Abstecher in die etwa 1,5 Kilometer entfernte malerische Altstadt von Blieskastel machen, wenn man nicht Tour 8 schon gemacht hat, die mitten durch die Stadt verläuft.

ERFRISCHUNG 15

Wir fahren nun auf dem Radweg Richtung Kirkel, erreichen bald eine Straße mit einer Häuserzeile und kurz danach die Bahnhaltestelle **Blieskastel-Lautzkirchen.** Hier fahren wir weiter geradeaus bis zur **Bliesgaustraße,** auf der wir nach rechts einen beschrankten Bahnübergang überqueren. Auf dieser Straße müssen wir nun leider ohne Radweg durch den wenig attraktiven Ortskern fahren. Nach der Linksabzweigung Richtung St. Ingbert fahren wir noch geradeaus und nehmen die erste Abzweigung rechts **Am scharfen Eck** Richtung Tennishalle. Die kleine Straße führt kurz steil bergauf in einen Wald und danach weiter durch eine Wohngegend. An deren Ende treffen wir auf das einladende Restaurant und Café mit Biergarten ❼ **Zum Pferchtal.** Es gibt hier auch eine E-Bike-Ladestation, damit der Saft auf der nun folgenden leicht ansteigenden Strecke durch den Wald nicht ausgeht.

Naturfreibad Kirkel

Tälertour an der Blies

Wir folgen weiter dem Verlauf der Straße, die gleich auf die L 113 stößt. Wir biegen hier rechts ab und radeln auf dem die Landstraße begleitenden Radweg bis an dessen Ende an einer Abzweigung rechts in den Wald. Hier beginnt nun eine wunderschöne Fahrt durch das malerische **Kirkeler Bachtal.** Während links des Wegs der Bach durch die sumpfigen Auen plätschert, zieht sich rechts dichter Wald die Berghänge hinauf. Wir fahren an ausgewaschenen Sandsteinfelsen vorbei und bestaunen die Stämme uralter Baumriesen.

Burg Kirkel

Die Waldidylle endet abrupt an einer Straße in einer Einfamilienhaussiedlung am südlichen Ortsrand von **Kirkel.** Wir fahren hier rechts Richtung Limbach und folgen der Straße, die uns in den alten Dorfkern bringt, wo der Bergfried der ⑧ **Burg Kirkel** ins Blickfeld kommt. Nach einer Linkskurve biegen wir rechts ab in die **Burgstraße.** An der nächsten Linksabzweigung führt die kurze steile **Schloßbergstraße** hinauf zur Burgruine und zur ⑨ **Burgschenke,** in der man wunderschön draußen an rustikalen überdachten Holztischen an der Bergkante sitzen und bei deftigem Essen den einmaligen Ausblick genießen kann. In der Lauschtour-App für das Smartphone kann man sich näher über die Burg informieren.

Wenn wir auf der Burgstraße immer geradeaus weiter in den **Limbacher Weg** fahren, erreichen wir nach 500 Metern den Ausgangspunkt der Radtour am **Wanderparkplatz Kirkeler Tafeltour.** Wer den Bahnhof erreichen oder noch im ⑩ **Naturfreibad Kirkel** eine Runde schwimmen möchte, fährt von der Burg zurück auf der **Burgstraße** und weiter hinunter in den Ort. Links der Goethestraße sieht man den Badesee, während man weiter geradeaus die Kaiserstraße erreicht. Gegenüber geht es schräg rechts zum Bahnhof.

Rund um die Kirkeler Burg in der sogenannten Unterburg findet ab Mai im Handwerkerdorf in verschiedenen Hütten der **Kirkeler Burgsommer** *statt. Kinder und Erwachsene können sich dort in verschiedenen alten Handwerksberufen üben, lernen und produzieren (www.burgsommer.de).*

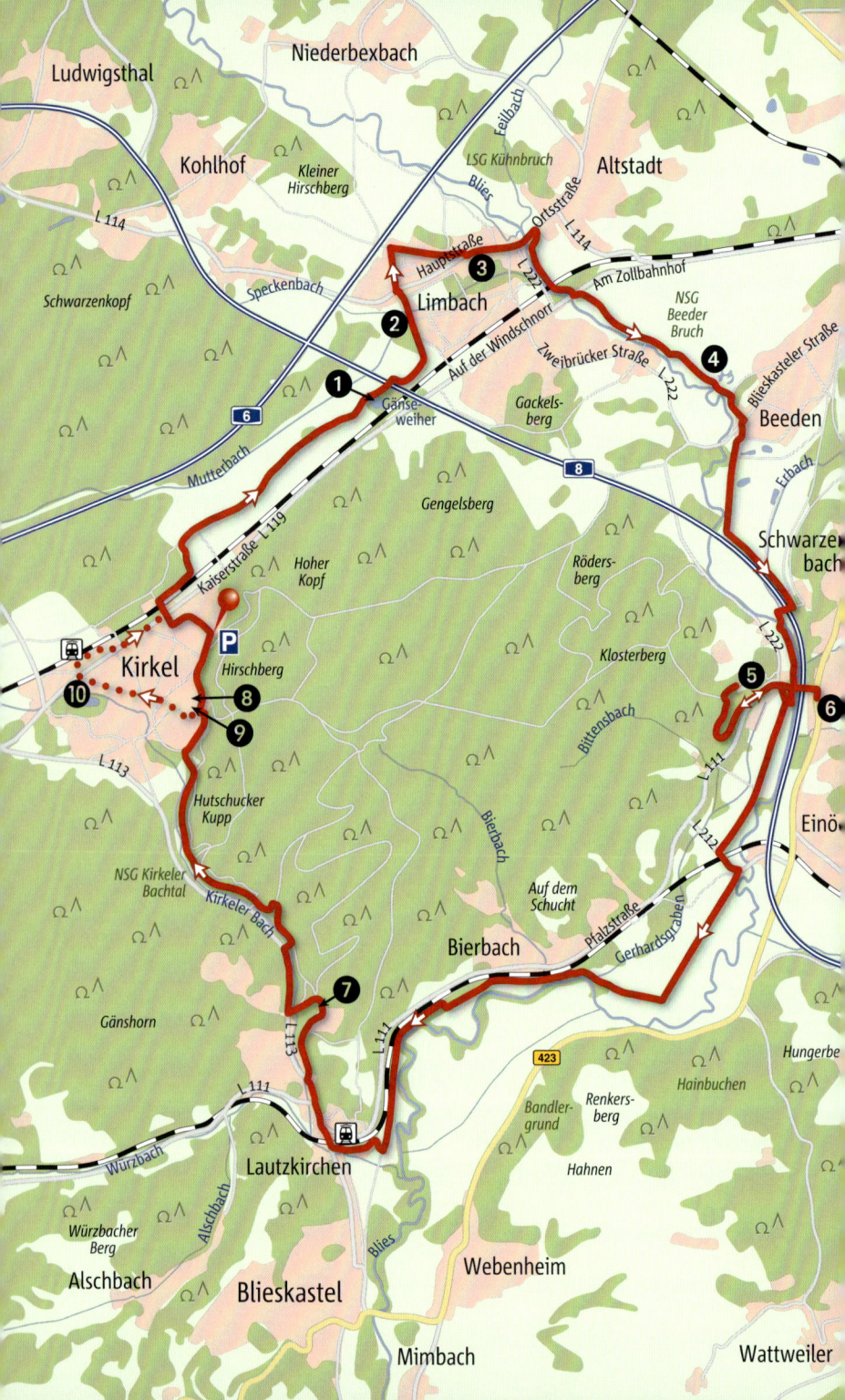

ALLES AUF EINEN BLICK

Entspannung 🪖🪖🪖🪖
Abenteuer 🪖🪖
Vielfalt 🪖🪖🪖

WIE & WANN
Vorwiegend eben durch Täler, wenig Anstiege. Meist asphaltierte, wenige geschotterte Feld- und Forstwege, Straßen mit wenig Verkehr, ein kurzer Abschnitt mehr Verkehr. Ganzjährig befahrbar, am schönsten Frühling bis Herbst.

HIN & WEG
Auto: Wanderparkplatz Kirkeler Tafeltour (kostenlos), Limbacher Weg 8, 66459 Kirkel
ÖPNV: Bahnhof Kirkel

ESSEN & ENTSPANNEN
- ③ **Vindumi,** Hauptstraße 39, 66459 Kirkel,
  Tel. (0 68 41) 9 59 06 80, www.vindumi.de
- ⑦ **Zum Pferchtal,** Im Imgestal 1, 66440 Lautzkirchen,
  Tel. (0 68 42) 46 87, www.pferchtal.de
- ⑨ **Burgschenke,** Schloßbergstraße 8, 66459 Kirkel,
  Tel. (0 68 49) 65 88, www.burgschenke-kirkel.de

ENTDECKEN & ERLEBEN
- ① Gänseweiher
- ② **Solarfreibad,** Zum Schwimmbad 10, 66459 Limbach, Tel. (0 68 41) 8 06 31, www.kirkel.de/kultur-tourismus/freibaeder-kirkel
- ④ Biotop Beeden
- ⑤ Klosterruine Wörschweiler
- ⑥ **Römermuseum Schwarzenacker,** Homburger Straße 38, 66424 Beeden, Tel. (0 68 48) 73 07 77, www.roemermuseum-schwarzenacker.de
- ⑧ Burg Kirkel
- ⑩ Naturfreibad Kirkel

Die GPS-Daten zu jeder Tour gibt es auf
www.droste-verlag.de

© 2024 Droste Verlag GmbH, Düsseldorf
Konzeption/Satz: Droste Verlag, Düsseldorf
Einbandgestaltung: Britta Rungwerth, Düsseldorf, unter Verwendung von Bildern von © Fotolia.com: Andrey Kuzmin, undrey, dabost, niroworld; ©stock.adobe.com: Pajor Pawel – photobboy
Fotos: Ernst Wrba
Textlektorat: Christoph Nettersheim, Nürnberg
Karten: Thorsten David, Bochum
Druck und Bindung: LUC GmbH, Greven

Alle Angaben in diesem Buch wurden sorgfältig recherchiert und geprüft. Für die Richtigkeit der Angaben, für etwaige Unfälle und Schäden jeglicher Art kann keine Haftung übernommen werden; die Nutzung erfolgt auf eigenes Risiko. Abweichungen, die nach Redaktionsschluss erfolgten, konnten im Buch nicht mehr berücksichtigt werden. Hinweise und Änderungen nehmen wir gern entgegen.

ISBN 978-3-7700-2493-3
www.droste-verlag.de